KB203862

여행하는 인간, 놀이하는 인간
Homo Viator, Homo Ludens
인도부터 아시아, 유럽, 아프리카를 걸어 나에게로

여행하는 인간, 놀이하는 인간
Homo Viator, Homo Ludens

인도부터 아시아, 유럽, 아프리카를 걸어 나에게로

맑은소리
맑은나라

프 롤 로 그

　　　　　　　　　나는 길치이다. 늘 동서남북 분간이 안 된다. 어렸을 적 어른들이 여기가 '동쪽이고 저기가 북쪽이니까' 하면서 이정표도 없고 허공에 아무 것도 없는데 손가락을 가리키며 척척 길을 가면 그렇게 신기할 수가 없었다. 어려서는 똑똑하다는 말을 들으려고 어딜 가든 집에 찾아오려고 정신 바짝 차리고 기억을 하였다. 디지털 카메라를 들고 다니면서부터는 길마다 사진을 찍었다. 그러던 내가 30년 넘게 여행을 하고 있다. 불가사의이다. 여행 중에 대부분 어딘가를 가려면 100번쯤 묻는다. '입 뒀다 뭐해'가 내 여행 신조이다.

나는 겁이 많다. 지금도 밤에 집 어딘가에 불을 켜놓고 자야 한다. 가위도 잘 눌리는 편이다. 그럼에도 불구하고 여행은 가고 싶어 온갖 조합의 여행 친구를 만들어 여행을 하였다. 처음엔 친구, 잘 모르는 친구의 언니, 다섯 살짜리 딸까지 여행을 하고 싶어하는 모든 사람이 나의 도반과 의지처가 되어주었다. 지금도 국내는 한 차의 정족수만 되면 어디든지 떠난다. 잘 모르는 채 만나 두 번 세 번 답사 일원이 되는 경우가 대부분이다. 해외는 무조건 연고지 연고자 중심이다. 없으면 사돈의 팔촌이라도 동원해 비상연락망을 만들어 들고서 간다.

이렇게 길치와 겁보인 내가 그야말로 죽기 아니면 까무러치기 정신으로 해외여행자유화가 시작된 1989년부터 2021년까지 거의 한 해도 빠지지 않고 나라 안팎의 여행을 다녔다. 이 글을 쓰는 2021년에도 9월에 터키에 가서 살기로 작정하고 여행기 단행본에 박차를 가하고 있다.

나는 여행가가 될 생각은 없었다. 그동안 누가 나를 그렇게 불러준 적도 없다. 그러나 이 책에 담은 여행기는 내 여행 편력의 일부에 불과하다. 가장 최근이라고 하는 긴 여행은 2020년 새해 한 달가량의 네 번째 인도여행이었다. 그리고 그 전의 두 번에 걸친 미국 여행, 호주, 뉴질랜드, 중국을 비롯한 아시아 여러 나라, 여기에 담지 못한 유럽의 여러 나라들은 다음을 기약한다.

나를 여행하게 만들어준 은인들을 떠올려 본다.
가장 큰 영향을 준 것은 초등학교 4, 5학년 담임이었던 최진형 선생님이다. 이북에 두고 온 고향 사리원을 늘 그리워하며 우리에게 '김찬삼 여행기'를 마치 자신이 다녀온 것처럼 이야기해주셨다. 왠지 나라도 언젠가 선생님 대신 북한에 가야 할 것 같고 김찬삼이 다닌 나라들을 가보아야 할 것만 같았다.
두 번째는 내 서른부터 대학에서 교양국어 강의를 들어 준 학생들이다. 당시 나는 너무 앳되고 젊은 데다 심지어 가르칠 강의 내용에 대하여 일자무식인 선생이었다. 어쩌다 개강 2주 전 대타로 하게 된 강의여서 갑자기 준비를 하게 됐는데 내가 대학 다닐 당시 전두환 정권이 휴교령을 내려 배우다 만 '교양국어'라는 과목을 맡았기 때문이다. 그때 내가 교양국어를 배운 교수는 국어 교과서에 '한국 현대시의 특질'을 쓴 학과의 가장 고참 교수인 문덕수 선생님이었다.

나는 학생들에게 실력도 없고 경륜도 없는 것이 미안하였다. 젊어서 좋은 점은 무엇이 있을까 곰곰이 생각하였다. 내가 다시 대학생이 되면 무엇을 해보고 싶을까. 나의 후배들이기도 한 학생들에게 내가 이거 하나만큼은 확실히 알려 줄 수 있는 것은 무엇일까. 그것은 여행이었다. 겁 많고 천지분간 안 되는 내가 '여행을 해봐라. 좋다더라'가 아니라 '여행해보니 좋더라, 너희도 해봐'라는 한마디를 하기 위해 일생일대의 용기를 내게 되었다.

그 여행의 삼장법사가 있었으니 송광사의 스님들이었다. 이미 인도를 다녀온 당시로써는 희귀한 경력의 소유자 스님들이 경험담을 들려주고 오리엔테이션을 해주었다. 돈연스님과 현음스님 그리고 청전스님이다.

그렇게 첫 인생 여행을 인도로 하고 온 뒤에도 수많은 여행 수호천사들이 계셨으니 서강대에서 인도 고전어를 가르쳐준 김석진 선생님과 인도철학사를 강의하던 조지 신부님이었다. 덕분에 조지 교수님의 고향인 남인도와 께랄라 주를 여행할 수 있었다. 그리고 2000년에 터키에서 한국학과에 근무하며 일본학과 동료 교수로 만난 여행 도반 미도리선생도 잊을 수 없다. 덕분에 터키전역과 이웃나라 유럽 불가리아, 루마니아를 여행하였다. 다섯 살 딸과 그리스 섬들과 이집트를 여행하고 돌아와 2010년 중2 여학생이 되었을 때는 헝가리 대학으로 부임해 함께 유럽이 좁다 하고 돌아다녔다. 어쩌면 딸의 덕분이 가장 크다. 마치 내가 건사하고 다닌 것처럼 보일 테지만 다섯 살 때 이미 나보다 공간지각력이 뛰어나 길잃은 나를 데리고 다녔다. 이때의 사진들은 디지털 시대도 아니었고 인화지 사진들이라 좋게 말하면 레트로 감성이요 사실대로 말하면 해상도가 떨어진다. 그러나 지금과는 아주 다른 타임머신을 타고서야 볼 수 있는 낭만 사진으로 너그러이 봐주시면 좋겠다.

2010년 이후는 매년 유럽에 한국학 관련 학회에 참석하고 개최국과 가까운 나라들 특강을 하러 다니게 되었다. 이제 어딜 가든 그동안의 경력으로 연고지와 연고자가 생긴 덕분이었다.

그렇게 따로 또 같이 시절 인연이 닿는 대로 이 세상을 걷고 또 걸었다.

지구는 둥그니까 자꾸 걸어 나가니 그 결과 최종 목적지는 나에게로 돌아오는 중이다. 수많은 난생처음 겪는 일과 크고 작은 사건 사고, 그리고 또 다른 별에 태어난 것처럼 새로 말을 배우고 그 나라의 의식주 문화에 적응하는 일을 통하여 그야말로 철학을 하게 되었다.

그렇게 여행을 하고 다른 나라에 살기도 하면서 나의 학문도 성장하였다. 인도여행 후 훈민정음 불경 연구로 문학박사가 된 후 불교를 다시 공부하여 철학박사가 되었고 세계 냉전 시대 북한과 수교했던 헝가리와 동유럽의 사람과 기록을 통해 북한학을 전공하게 되었다. 어쩌다 보니 인문학의 '문·사·철'을 모두 섭렵하고 있었다. 그저 여행을 하였고 길을 걷는 놀이를 하였을 뿐인데 말이다. 그리하여 나의 여행 신장들께 정말 감사한다.

불교에 인비인人非人이란 말이 있다. 사람과 사람 아닌 천지신명 모두를 말한다. 생애 첫 인도여행을 함께한 대학 동기 홍경란에게 특히 고맙다. 30년 여행작가로 늘 나의 롤모델이 되어준 이지상씨에게 감사하다. 결혼하고도 내가 나의 일을 하는데 말없이 도와주고 배려를 해준 남편 김도윤씨, '여자가'라는 말이 팽배하던 시절 나를 남자보다 용감하게 살도록 키운 부모님 정형모 화백과 하늘에 계신 박연희 여사께 절을 올린다.

늘 나의 여행은 날씨가 좋았으며 여행 운이 따라다녔다. 나에게는 언제나 여행의 신이 함께하고 있다. 그 여행신장께 기도한다. 놀이처럼 언제나 즐겁기를, 새롭기를, 두 발로 걸을 수 있기를, 그리하여 여행하는 인간이 될 수 있기를.

2021년 7월

공덕 만리 아현글방에서

놀이하는 여행자

정진원

CONTENTS

지구는 둥그니까
앞으로 앞으로

여행하는 인간, 놀이하는 인간
Homo Viator, Homo Ludens

인도부터 아시아, 유럽 ,아프리카를 걸어 나에게로

운명적인 인도 기행

서른살,
내 인생을 바꾼 인도

● 어쩌다 보니 꿈을 이룬 사람이 되어 있었다.
얼마전 누군가 나에게 꿈이 뭐냐고 물었다. 처음엔 무슨 꿈이 있었는지
생각도 나지 않았다. 이 사람 저 사람 이야기하는 중에 '아, 나도 꿈이 있
었지'. 어릴 때 내 꿈은 지구를 내 발로 밟아보는 거였다. 초등학교 시절
실향민 담임선생님은 '김찬삼 여행기'를 자주 말씀하셨다. 그 시절 세상
에서 가장 가난하고 작은 나라 한반도 남쪽, 북한조차 갈 수 없는 처지
에 외국 여행을 꿈꾼다는 건 달나라나 화성에 가는 것처럼 아득했었다.
그런 고향조차 못 가는 선생님을 대신해서 그 꿈을 간직하고 살다보니
어느덧 남미를 남겨놓고 거의 지구를 다 밟아 본 내가 있었다. 그야말로
Dreams come true. 꿈을 꾸면 이루어지는 그 첫 번째 이야기부터 시작
하기로 한다.

내 인생을 바꾼 인도행

내 인생의 첫 여행지는 인도, 때는 1989년 12월 말이었다. 88년 올림픽 직

후 해외여행자유화의 첫 세대이자 수혜자였지만 그때는 그런 것조차 몰랐다. 천지분간도 안 되는 천둥벌거숭이 대학 강사 원년의 서른즈음 겨울, 친구와 인생 최초 세계 여행길에 올랐다. 배낭여행 원조를 넘어 고조할머니뻘 이야기임을 감안하고 읽으시라. 가이드북, 인터넷이 전무하던 시절의 일이요, 인도여행 갔다 온 한국여자 처음 본다는 소리를 무려 세관원으로부터 들었던 시절이다. 중국부터 가고 싶었으나 냉전 시대였고 그렇다면 오리엔트 문명발상지 나라부터 시작하자고 마음먹었다.

좌충우돌, 무식하면 용감했던 일화들

그 한 겨울 서울에서 내복과 패딩으로 중무장하고 내린 곳은 뭄바이, 섭씨 34도였던 것으로 기억한다. 처음에 한 일은 너무 더워 북쪽으로 가기 위해 밤새워 델리행 비행기표 사는 것이었다.

새벽 1시쯤 내려 인도의 일상인 두 시간 정도 긴 줄을 기다려 드디어 구매 성공, 그러나 인도를 쉽게 보면 안 된다는 수업료는 이때부터 제대로 치렀다. 비행기를 타러가니 비행기가 떠났단다. 다시 비행기표 환불하러 아침까지 줄었다. 그제서야 화장실에서 땀범벅된 옷 벗기.

그렇다면 철도를 이용하리. 택시를 타면서 얼마냐고 물으니 80루피, 내리면서 물어보니 150루피. 왠지 무섭게 보인 인도인 운전수에게 순순히 150루피를 다 주고 한달내내 자다가 벌떡 일어나 분해하며 괴로워했다. 기차를 기다리면서는 하도 긴장한 나머지 눈을 뜨고 꾸벅꾸벅 조는 신공을 발휘. 후회의 쓰나미가 밀려오며 바로 집에 돌아가고 싶었다.

드디어 침대칸 기차를 타고 델리로

우리에겐 그때 신문사 친구에게 빌린 일어판 '세계를 간다'와 뭄바이공항
에서 산 '론리 플래닛' 인도 가이드북이 있었다. 그러나 그를 위해 별로 크
지 않은 내 배낭엔 일한-한일 사전, 영한-한영사전 네 권이 쇳덩이 무게로
들어 있었다. 게다가 인도 돈을 환전하니 거의 배낭의 4분의 1을 차지할
정도로 부피가 많고 낡은 데다 더럽기가 만만치 않다. 그래놓고는 찢
어지거나 훼손된 돈은 받지 않는다고 해서 늘 전전긍긍했던 여행.

침대칸 기차를 기적적으로 타고 여유롭게 기차 도시락을 시켰다. 그 유명
한 인도 카레와 요구르트를 먹는 순간이다.

어릴 때 우리 집 특별식은 카레라이스였다. 뭔가 칭찬받을 일을 했거나
손님이 오시면 엄마가 해주던 오뚜기 카레. 당시는 카레향이 익숙치 않아
못 먹는 사람도 꽤 있었다. 나의 추억이 담긴 본토의 카레를 처음 본 순
간, 내가 알고 있는 그 맛도 비주얼도 아니었다. 솔직히 토할 뻔하였다.
또 하나 곁들여 나온 요구르트. 당시 우리나라엔 플레인 요거트가 없었
다. 이 또한 우유 썩은 느낌으로 도저히 먹을 수가 없었다. 그로부터 일
주일 동안 우리는 원숭이나 먹는다는 몽키 바나나로 연명을 해야 했다.
음식은 그 다음부터 무서워 못 시키겠고 과일도 기기묘묘, 만만한 건 바
나나뿐이었기에…

1989년 당시 델리 시내

인도여행의 신장 라빈드라 사캬와 비놋 사캬

도싸 만드는 식당 요리사

석가족과 운명적 만남

천신만고 끝에 델리에 도착해 게스트하우스 숙소를 정하고 나니 세상을 다 얻은 듯하였다. 인도에서 꼭 필요한 것을 누누이 일러준 이가 있었으니 송광사 수련원 지도법사 현음스님이었다. 그것은 '모기약과 휴지'였다. 스님의 당부대로 신주단지 모시듯 이것을 들고 갔다.

인도의 기후 때문인지 싸구려이기 때문인지 게스트하우스는 겨울임에도 창문에 유리가 없었다. 하기는 델리 시내버스도 창틀만 있고 유리는 없었으니… 인도는 그러니까 겨울에도 모기가 있었던 것이다. 온갖 종류의 모기약을 준비해 간 우리는 방에 뿌리는 강력 모기약을 분사했는데 아뿔싸, 화생방을 능가하는 강력 살충제의 위력에다 멈춤장치까지 고장나 우리는 모기대신 기절 직전이 되었다. 그러나 아까운 모기약통을 어떻게든 고쳐보려고 가스를 뿜는 걸 들고 밖으로 뛰쳐나가 쩔쩔매고 있었다. 심상치 않은 냄새와 가스에 그곳에 묵던 몇몇 친구들이 무슨 일이냐고 달려왔다.

그때는 그것이 운명적 만남일 줄 몰랐다. 그들이 나를 제대로 불교로 인도한 석가족 청년일 줄이야… 아쇼크 사캬, 라빈드라 사캬, 비놋 사캬, 수렌드라 사캬, 수닐 사캬… 이제 그 이름만 들어도 그리움이 물밀듯한 네팔 친구들. 그렇게 알게 되고 친해진 그들은 우리에게 먼저 서바이벌 인도 메뉴부터 가르쳐 주었다. 만두같은 사모싸, 바삭한 도싸, 탄두리치킨 등등…

그리고는 마치 기다렸던 친구를 만난 것처럼 가이드를 자처하기 시작했다. 누가 봐도 물가에 내놓은 어린아이처럼 조마조마했을 왕초보 동양처녀 둘. 영어를 잘 하나, 힌디를 아나, 버스를 탈 줄 아나, 릭샤를 타고 다녔지만 번번이 바가지, 게다가 일주일 동안 바나나만 먹었다지…
석가족 청년들은 한 친구만 나와 동갑이고 네 친구는 모두 대여섯 살 어린 대학생이면서 카트만두 보드나트 스와얌부에서 기념품점을 하는 집안의 가장들이었다. 그동안 델리에 물건을 하러 왔을 뿐 구경을 못했다며 우리 여행에 동행하기 시작했다. 그래서 함께 한 델리 시내 투어와 아그라 타지마할 투어.

이렇게 친해진 배경에는 그들의 이름을 일찌감치 알아본 순발력 덕분이었다. 전부 다 성이 '사캬'라니… 혹시 석가모니의 석가를 뜻하는 건 아닐까. 친구는 설마 했지만 그들에게 물어보니 맞다고 한다. 물론 나중에 알게 된 사실이지만 그 옛날 석가모니의 나라 카필라국이 망하고 사캬족은 히말라야 등지로 뿔뿔 흩어져 씨족을 이루고 살았다 한다. 이게 웬 떡인가. 우리는 순간 기지를 발휘했다.
둘 다 불교에 문외한이지만 어머니들은 절에 다니시고 초파일 등마다 우리 이름도 써놓았으니 반쯤 불자가 아닌가. 그러나 무식이 탄로나면 안 되니까 '아마추어 부디스트'라고 급조해 우리를 소개한 것이다. 그랬더니 그들은 우리를 무슨 일가친척 만난 것처럼 대접해주었던 것이다.
부처의 가피는 그렇게 시작되었고 나는 얼떨결에 불자를 선언하게 되었다. 설마 이 거짓말이 운명이 될까. 그때는 까맣게 몰랐었다.

아그라 투어를 마치고 우리는 서울서 누군가에게 주워들은 인도 북부 라
닥과 레를 갈 참이었다. 그 말을 들은 석가족 리더 아쇼크Asok, 거기는
지금 'all ice'라며 너희들 차림새로는 얼어 죽는다고 하였다. 무슨 소린
가. 뭄바이에서는 쪄죽을 뻔해 북쪽으로 서둘러 온 우리, 이제는 얼어 죽
는다고… 인도가 그렇게 큰 나라인지 전혀 몰랐던 한국의 우물 안 개구
리들. 낭패였다. 계획대로 되는 것이 아무 것도 없는 우리.

인도 오기 전 한 달 여정표를 시간 단위로 짜가지고 왔건만 인도의 시간
과 공간은 우리나라 같지 않았던 것이다. 한 나라에 여름과 겨울이 공존
하다니… 지폐에 16개 글자로 얼마짜리 루피라고 써있을 때부터 알아봤
어야 했다.

1990년 공사 중이던 델리의 쿠툽 미나르

델리 간디 묘소에 인도 국화 금잔화를 헌화하며

1990년 수공예품 전시관 시연 장인

어쩌다 보니 네팔 석가모니
후손 마을부터

어쩌다보니 네팔 석가족 마을

코가 빠져 있는 우리에게 석가족 청년들이 제안하였다. '너희들이 아마추 어 불자라면서. 우리는 이제 네팔로 돌아가는데 우리 나라에 석가모니 부처님이 태어나신 룸비니가 있다. 거기 가지 않을래'

아무 뾰족한 수가 없던 우리는 고심 끝에 동행을 결정하였다. 그러나 같 은 게스트하우스에 며칠 머물며 여행했을 뿐인 이 친구들을 과연 우리가 믿고 따라가도 될까. 가기 전날 가위에 눌리며 불안감이 엄습하였다. 이 들을 빼고는 그동안 주로 장사꾼과 릭샤꾼들만 상대한 우리는 아주 바 가지 쓰는데 이골이 나 있었다. 아무도 믿을 수 없는 처지에 이렇게 며칠 잘해주고 사기를 치면 어쩔 것인가. 그렇게 반신반의하며 그들과 예기치 못한 네팔행 비행기에 올랐다.

뭄바이부터 타고 온 2주일짜리 비싼 '인드레일 패쓰'를 과감히 포기하고 카트만두에 도착하였다. 인도여행 수업료를 착실히 치루고 있는 것이다. 그들이 사는 씨족마을은 카트만두 파탄 골든템플 근처였다. 세계문화유

석가족 청년 수닐 사캬(하늘색)와 달밧 먹는 모습

사원 앞 경 읽는 할아버지

산이기도 한 그 마을에는 우리나라 씨족마을처럼 모두 사캬 성을 쓰고 있었고 우리가 함께 가니 온 동네가 잔치 분위기였다.

신기한 일은 끊이지 않았다. 명랑 쾌활한 분위기 메이커 비놋 사캬의 아버지는 우리나라 영등포를 다녀가신 분이었다. 그러면서 우리에게 '우리는 네팔에 살지만 두팔이에요'라고 두 팔을 벌리는 제스처와 유머를 아끼지 않았다.

당시 영등포에는 방직공장이 있었고 네팔에서 옷감 가게를 하던 비놋아버지는 산업견학을 가셨던 것 같다. 게다가 석가족 친구의 삼촌 하나는 헐레벌떡 사진을 들고 달려왔는데 홍익대학교 미술대 공예과에서 유학을 하셨다는 것이다. 내가 다니고 강의하고 있던 대학이었다.

인도 가는 여자도 흔치 않던 시절, 네팔은 말할 것도 없는 터에 한 동네에서 한국 그리고도 나와 가까운 서울 지명과 학교 이름을 아는 사람을 둘이나 만나다니… 시절인연 그자체였다고 말할 수밖에 없다.

이제부터 여러분에게는 50년대나 60년대 인정많던 시골인심을 상기하시거나 상상하면 될 일들이 펼쳐지게 될 것이다. 우리는 인사하고 당연히 호텔에 머물고자 했지만 그들은 손님을 그렇게 대접할 수 없다며 먼저 비놋 사캬네 집에서 손으로 먹는 네팔식 식사를 하게 되었다. 그런데 손씻는 물을 할아버지가 들고 와 시중들고 그 뒤를 할머니가 수건을 가지고 따라오는 것이 아닌가. 아연실색, 몸둘 바를 모르니 네팔에서는 귀한 손님일수록 집안의 어른이 시중을 든다는 것이다. 아니 우리가 무슨 귀빈, 이제 서른 넘긴 한국 여행자일뿐인데… 온 동네 사람이 구경 온 가운데 저녁을 마치니 다섯 친구 가운데 갓 결혼한 수렌드라 사캬네 집에 초대돼 머물게 되었다. 아침에 자고 일어나 두 번째 놀라운 사실을 알게 되었다. 신혼부부는 우리에게 신방을 내주고 헛간같은 데서 자고 있는 것이었다. 호텔에 가야겠다고 다시 말했지만 수렌드라는 이렇게 말했다. '우리 집에 뜨거운 물이 안 나와서 불편해서 그러는 거니. 혹시 밤에 잘 때 추워서 그러는 거니.' 우리가 절대 아니라고 하자 그러면 자기 집에 있어 달란다. 맙소사. 결혼한 지 한 달밖에 안 된데다 델리로 물건 사러 와서 며칠 함께 있지도 못한 신혼부부에게 이 무슨 못할 짓이란 말인가.

뿐만 아니라 이 다섯 친구는 하루씩 번갈아 가게를 닫고 교대로 우리를 카트만두 여행을 시키고 있었다. 이런 민폐를 끼치려고 따라온 건 아닌데 결국 그런 셈이 되어 버렸다. 물론 덕분에 '보드나트, 스와얌부 사원, 멍키 템플, 박터풀 옛 왕궁 도시, 나갈콧의 일출' 등 생각지 못한 호사를 누리는 여행을 하였다.

우리는 다시 머리를 맞대고 이들과 헤어질 계획을 세웠다. 여기가 아닌 호텔로 옮기고 이들이 생업을 쉬며 해주는 가이드를 못하게 할 방법은 다른 곳으로 떠나는 방법밖에 없었다. 다행히 우리에겐 원래 목적인 부처님 탄생지 '룸비니'가 있었다. 우리는 선언하였다.

'이제 우리는 우리끼리만 룸비니를 여행할거야. 그러니 이제 굿바이.' 그들은 하는 수 없이 국내 여행사를 안내해 차근차근 룸비니 여행을 준비해주고서야 우리를 보내주었다. 물론 카트만두에 돌아올 때는 당연히 수렌드라네 집으로 와야 할 것을 약속했다.

보드나트 사원

스와얌부나트 사원에 걸린 종과 경통

1990년 카트만두의 전경

여행 시작은 석가모니
            탄생하신 룸비니부터

● 천지분간이 안 되는 갓 서른의 두 여성이 이제
네팔 카트만두에서 다시 둘만의 여행이라기보다는 모험을 시작하게 되었
다. 네팔은 인도와 비슷했지만 많이 달랐다. 1990년 당시는 비렌드라왕
이 지배하는 왕국이었고 인도보다도 못 사는 나라였지만 인심과 정서는
인도보다 훨씬 인정 넘치고 사람 냄새 나는 나라였다. 아마도 석가족 다
섯 친구와 그 가족의 환대에 힘입은 바 컸을 것이다.

어쨌든 우리는 6.25 전쟁시절 피난민 버스를 연상케 하는 만원버스에다
짐을 버스 지붕에 싣고 하루 밤낮을 족히 달렸다. 지금도 간담이 서늘해
지는 절벽 길 아슬아슬한 고물 버스도 무서웠지만 아무리 가도 휴게소 비
슷한 간이 건물조차 없어 절대 절명의 생리현상 해결이 불가능했다. 큰
문제였다. 그때만 해도 결혼 전이고 생김새와 말이 다른 사람이 사는 세
상에서 난생처음 하는 여행이라 가리는 것이 많은 시절이었다.

화장실 안 가기 인생기록 16시간

달리다 달리다 허허벌판에 선 버스. 화장실 타임이다. 어떻게 할까. 버스를 기준으로 남자는 문에서 내린 쪽으로 일렬로 서고 여자들은 버스 뒤쪽으로 돌아가는 것이 아닌가. 그리고 일을 본다. 으악. 버스가 가림막이지만 눈 가리고 아웅. 어떤 서양여자 여행객은 안 보이는 곳으로 간답시고 갔으나 조금 비탈진 곳에선 누구에게나 엉덩이가 다 보였다. 안 돼. 절대 못 해.

그리고 다시 달려 두 번째 휴게소, 제법 집 같은 것도 있다. 그래 이번엔 화장실이 있겠지. 동네 사람한테 묻는다. 친절히 집 뒤쪽을 가리킨다. 그

이런 모습의 휴게소 (어쩌면 운전수 마음대로 선 곳일지도…)

시외버스와 사정이 별반 다르지 않은 시내버스 지붕 위 승객들(1990년)

럼 그렇지. 집 뒤로 돌아간다. 허허벌판… 뭔가 잘못 알아들었을 거야.
다시 묻는다. '맞아. 여기서는 다 그렇게 해. 집 뒤로 돌아가서 처리해'. 아
아 절망. 그때부터 물도 안 마시고 애써 잠든다. 필사적으로 참는다. 나
중에 헤아려보니 무려 16시간. 인간승리다.

포카라에 도착, 친절한 여행사 대표 가이드가 무서워

룸비니를 가기 위해 포카라에 도착하니 나름 인텔리 가이드가 우리를 맞
이하며 페와호수(Fewa Lake)에서 보트 태워주기, 저녁 먹고 민속춤 공연
관람 안내를 해준다. 우리는 그러나 이 친절함이 왠지 무섭고 미심쩍어 괜
찮다고, 안 한다고 한사코 사양을 했다. 지금 생각하면 너무 한심하고
터무니없는 태도지만 우리는 네팔 국내투어에 무엇이 포함되었는지조차
모르고 석가족친구들이 대행해 준 룸비니 여행티켓만 들고 왔다고 생각
했다.

답답한 포카라 여행사 사장은 우리를 안심시키려고 너희가 낸 돈에 이 옵
션이 다 포함된 거라 보트도 타고 공연도 봐야 한다며 설득하다가 자기
지갑 속 가족사진까지 꺼내 보여주며 우리를 안심시켰다. 지금 생각하면
어이가 없어 실소가 나오지만 그때는 정말 무서웠다. 왜 이렇게 친절한 거
지. 룸비니만 가면 되는데 왜 쓸데없이 밤중에 어디를 가자고 하지.

사실 밤중에 하는 민속공연은 동네 처녀총각들 모아놓고 하는 학예회 수
준이었고 끝나고 돌아오는 달 밝은 밤 풀벌레 소리 들으며 산길 오솔길
걸어오는 길은 낭만적이지만 위험할 수도 있었다. 어쨌든 안심하고 친해

친절한 룸비니 여행 랜드여행사 대표와 나

페와호수(Fewa Lake)와 멀리 보이는 안나 푸르나

지게 된 가이드는 다음날 아침엔 보트도 직접 저어주었다. 거기서 바라본 마차 푸차레, Fish tale이라는 의미 그대로 물고기 꼬리 모양의 안나푸르나 설산의 아름다움은 잊을 수 없다.

룸비니 가는 길

룸비니는 쉽게 갈 수 없었다. 쏘놀리라는 곳을 거쳐 기사가 딸린 오토릭샤를 타고 우리는 룸비니로 향했다. 어찌보면 전용 자가용인데 거의 만화에나 나올 법한 부서지기 일보직전의 폐차, 그리고 그 수준의 릭샤에 어울리는 노숙자에 가까운 기사가 배정되었다. 웃어야할지 울어야할지… 우리는 금방 부숴질 것 같은 릭샤를 타고 아주 시골마을 룸비니에 도착하였다.

드디어 룸비니 도착.

샤카무니 붓다가 태어나 목욕했다는 연못과 무우수 가지를 오른손으로 잡고 있는 마야부인 오른쪽 옆구리에서 태어나 '천상천하유아독존天上天下唯我獨尊'을 외쳤다는 부조가 있었다. 하나는 얼굴이 마모된 오랜 부조, 그리고 그것을 복원한 듯 한 새로운 부조가 작은 사당 안에 나란히 있었다. 그리고 보리수나무. 넓은 풀밭 군데군데 기단만 남아있는 건물 유적지, 신심 깊은 티벳 불자 두서넛, 그곳의 잡초를 뽑고 있는 여인들 그뿐이었다. 1990년 초에는 그러하였다.

너무나 작은 마을, 너무나 시골이었던 룸비니. 남광토건인가 하는 한국

물고기 꼬리라 불리는 안나푸르나 마차 푸차레

룸비니 여행을 책임진 전세 자가용 릭샤와 우리의 기사 아저씨

1990년 당시의 룸비니 동산 전경

▲ 룸비니 동산의 오래된 마야부인의 부조
　(나는 이슬람이 훼손했다던 이 부조가 더 마음에 들었다)

▶ 새로 세워진 부조. 마야부인 오른쪽 옆구리에서 태어나
　천상천하 유아독존을 외치는 아기 부처

건설회사에서 대성사라는 한국 절을 지을 계획이라는 게시판 하나가 그
토록 반가웠던 나의 룸비니.

룸비니는 그렇게 나에게 다가왔고 소박한 사람들과 티벳 불자 할머니 할
아버지들의 신심깊은 순례와 기도 모습이 오래 가슴에 남았다. 지금은 너
무나 많이 달라진 룸비니… 내 기억 속에는 수줍음 많은 기사아저씨와 그
곳에서 날품팔이하던 여인들의 따뜻한 인정이 지금도 되살아나 인사를
건네 오는 것만 같다.

동행한 친구는 부처님 탄생한 곳을 보았으니 이제 깨달은 곳도 가봐야
하지 않을까 자연스레 말했다. 나는 'Why Not?', '불감청不敢請이언정 고
소원固所願'의 마음으로 의기투합. 정말 예기치 않은 부처의 일대기 성지순
례를 시작하게 되었던 것이다.

어쩌면 나의 불교입문 '선재동자 구법여행기'는 아주 먼 옛날 '봄부터 소쩍
새가 울었을지도' 모를 일이다. 네팔의 석가족 친구들은 마침 그때 청년
이 되도록 태어났고 그의 아버지와 삼촌은 한국을 다녀와야 했으며 원래
가려고 했던 라닥과 레는 온통 얼음왕국으로 얼어서 우리의 행로를 석가
모니 태어나신 룸비니로 인도하고 있었는지도 말이다.

▲ 룸비니 개발 계획도 앞에서 (1990년 1월)
▶ 룸비니 성지에서 잡초를 뽑고 정리하던 동네 여인들
▼ 룸비니가이드와 함께

석가족이 지어 준
내 별명 May I help you

● 우리는 델리-카트만두 왕복 비행기표를 끊었
기 때문에 인도로 가기 위해 다시 석가족 친구네로 돌아왔다. 거기서 벌
어진 카트만두의 인생 명장면을 그냥 지나칠 수가 없다. 그리고 틈틈이
기적적으로 찾아낸 30년 전 옛날 사진들도 그 한 장에 많은 이야기를 품
고 자기 이야기를 써달라고 아우성이다.

나의 닉네임은 May I help you

룸비니 석가모니 탄생지 성지순례를 본의 아니게 운명적 만남으로 마친
우리는 일단 카트만두 시내로 들어왔다. 이제 더 이상 어리버리한 여행초
심자가 아닌 '용의주도 미스정'이 되어 시내 번화가 카멜에 호텔을 먼저
정한 후 샤카족 청년들에게 연락을 했다. 물론 그들은 '취소하라' 난리였
지만 그러면 용의주도가 아니지. 우리는 주말을 카트만두 근교 석가족
친척집도 놀러 가고 나갈콧의 일출도 보며 테마 공원 같은 곳도 함께 다
녔다. 그러다 문득 그들이 우리에게 확인 차 묻는 말,

"너희 복수비자 가져왔지?"

'복수비자'라니… 난생처음 비행기 타고 외국에 왔는데 비자에 단수, 복수가 있는 줄 어찌 알리오. 단수, 복수는 영어 단어에나 나오는 말 아니었어. 우리는 그게 뭐냐고 되물었더니 네팔과 인도는 'Brother Country'라 두 나라 끼리는 비자가 필요 없지만 우리나라는 인도에 갈 때마다 비자가 필요하다는 것이다.

아, 그렇다면 다시 비자를 받으면 되냐고 하니 지금은 금요일 저녁이라 끝났고 토·일은 공휴일이라 안 된다는 것이다. 뭐라고? 월요일 오후 12시인가 1시로 비행기표가 이미 정해져 있는데 비자가 없으면 인도로 못 간다고? 이미 우리는 비싼 2주간 인드레일 패스를 네팔 오느라 쓰지도 못하고 버렸고, 또 델리~카트만두 왕복 비행기표에 여행경비를 많이 쓴 터라 더 이상 여유가 없었다. 또 인터넷도 없던 시절 기껏 정해 놓은 델리 숙소를 다시 발품 팔아 잡는 일은 정말 생각조차 하기 싫은 고난도의 미션이었다.

애니웨이, 주말을 전전긍긍하느라 어떻게 보냈는지도 모르겠다. 사실 이건 도박이었다. 샤카족 친구들이 통역을 해주기로 하였으나 그들도 이런 일은 자기네 같은 개발도상국일수록 부지하세월이라 불가능할거라 했던 것이다.

드디어 결전의 월요일 아침, 관공서 문 여는 9시에 맞춰 긴장을 잔뜩하고 그 카스트 권위의식이 인도 못지않은 네팔 공무원을 만나러 갔다. 물론 우리에겐 석가족 다섯 청년이 있다. 그중 똑똑한 라빈과 쑤닐의 자가용

카트만두 나갈콧의 일출

비자문제를 해결하기 위해 간 관공서 앞에서

라빈과 사촌의 기념품 가게

오토바이를 얻어 타고 그들이 주차장에 세울 동안 나는 마음이 급해 먼저 뛰어 들어갔다. 앞으로 남은 여행의 사활이 걸린 문제였다.

담당자와 마주앉아 나는 최대한 여유를 장착하고 미소를 띠며 말했다. "Good Morning. May I help you?"

순간 담당자의 얼굴표정이 이상해졌다. 그러거나 말거나 중차대한 나의 용건을 최선을 다해 엉터리 콩글리시 영어로 말했다. 비자를 지금 해줘야 몇 시간 후 비행기를 탈 수 있어요. 지금 당장 인도 가는 비자가 필요해요. "Right Now. Do you understand?"

그렇게 나의 용건을 대충 말하고 났는데도 담당자의 표정은 무언가를 참는지, 불편한지 거의 울상이었다. 처음부터 고압적 무표정으로 일관하던 공무원이 아닌가. 아뿔싸, 그제야 문득 내가 무슨 말을 한 건지 생각났다. 혹시 내가 'May I help you라 그랬나요.' 'Yes!' 그러더니 철가면 같던 그는 갑자기 웃음을 터뜨렸다.

정말 대박사건이었다. 문 열자마자 웬 동양여자가 찾아와 떡하니 앉더니 '자, 내가 뭘 도와줄까' 했던 것이다. 뭐지 이 여자 냉정하게 쳐다볼수록 정말 자기를 도와줄 듯, 못하는 영어로 열변을 토한다.

나도 상황을 파악하자 배를 잡고 웃었다. 뭐야 'CAN YOU HELP ME'해도 도와줄까 말깐데 'MAY I HELP YOU'라니.

담당자와 나는 책상을 치며 의자에서 굴러 떨어지도록 웃어 제쳤다. 그러니까 그 넓은 사무실 사람들이 '뭐야 무슨 일이야. 월요일 아침부터…' 하며 순식간에 우리를 에워쌌다. 그들도 우리의 웃음폭탄에 전염돼 눈물이

나도록 웃고 Game Over! 절대 불가능한 비자발급이 순식간에 일사천리로 완결.

그러자 주차를 마친 석가족 청년들이 나타났다. 어리둥절한 채 나의 무용담을 들은 그들은 완전 기적 같은 일이라며 의기양양 동네방네 승전보를 울리며 떠들어서 축제 분위기가 되었다.

그들이 가서 하는 말. 이 친구가 똑똑해서 일부러 그렇게 말했을 거라는 거였다. 세상에 그럴 리가… 그리하여 이 명석하고 재치 있는 난생 처음 본 한국여자의 별명은 '자, 내가 뭘 도와줄까'가 되었다는 이야기. 여러분도 한 번쯤 위기에 대처하는 방법으로 응용해보시길 권한다.

Good luck을 축원해주던 석가족 어머니

이제 곧 떠나야 할 우리를 위하여 라빈의 어머니는 정성스럽게 축원을 해주셨다. 이마 한 가운데에는 붉은 연지 같은 '티카'를 붙여주시고 '카탁'이라는 흰 천을 우리 목에 걸어주셨다. 어찌나 경건한지 마치 우리 명절의 제사 의식 같았다. 이게 도대체 무슨 의식이냐고 물었더니 너희의 여행이 편안하고 행운이 있기를 기도해주는 의식이라고 대답했다.

이제 다시 사진을 찬찬히 보니 그들의 표정에 서운함이 가득하다. 특히 다섯 명 중 라빈과 비눗은 사려깊고 명랑한 성격이 잘 맞아 절친이었는데 거의 우리를 오빠처럼 책임지고 돌보아주었다. 나는 우리의 50~60년대와 비슷한 씨족마을과 대가족 정서가 걱정되어 '너희 이렇게 모르는 동양여자들을 며칠씩이나 에스코트하고 다녀도 괜찮니. 동네에서 뭐라고 좋

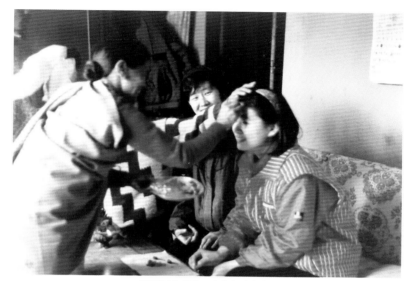

행운을 빌어주는 라빈의 어머니가 티카를 이마에 붙여주시는 장면

라빈과 라빈의 어머니와 함께

지 않게 말하지 않니'라고 물었다. 뜻밖에 이들은 세계여행자들이 모여드는 세계문화유산 구역 안에 살면서 그들을 대상으로 기념품가게를 하는 친구들이라 이런 일이 자주 있다는 것이다.

다만 동양여자 그중에서도 한국여자들은 너희가 처음 일뿐이라는 것이다. 사실 라빈은 인도인의 얼굴이었지만 그의 어머니는 티벳 계통의 얼굴을 하여 우리 외할머니와 비슷하였다. 그리고 마당에서 절구통에 절구질을 하고 우리가 대문에 금줄을 치는 것처럼 노란 꽃으로 금줄을 치는 등 풍습도 비슷하였다. 어쩌면 그래서 천지분간이 안 되는 우리를 돌봐주고 싶은 누이처럼 생각되었는지도 모르겠다.

공항의 이별 그리고 '고장 난 수도꼭지'

우리는 그렇게 이별의 의식을 치르고 공항에 도착하였다. 침통한 표정으로 라빈은 말하였다.

'I have to leave.'

사실 그들이 아니었으면 우리는 그나마 서바이벌 영어도 배우지 못했을 것이다. 얼마나 영어를 못 했냐하면 이 정도였다. 내가 타고 간 인생 첫 비행기 스위스 항공 여승무원은 뚱뚱한 할머니였다. 뒤뚱거리며 무엇을 갖다 주면 'Thank you'라고 말하고 싶은데 그야말로 글로만 영어를 배운 나는 '탱큐'라고 할까 '땡큐'라고 할까 '쌩큐'라고 할까 망설이다 아무 말도 못했을 만큼 쑥맥이었던 것이다. 그런데 그들을 만나고 버벅버벅 단어만 나열하며 의사소통을 하다 보니 제 2외국어 화자끼리 영어를 하는

게 발음도 잘 들리고 쉬운 표현도 많이 배울 수 있었던 것이다. 재미있는 일화 한 가지.

우리는 주로 '땡큐'라 발음하고 그들은 '탱큐'에 가까운 발음을 했는데 어느새 서로를 배려하다보니 우리가 '탱큐'하고 그들이 '땡큐'라고 발음하는 것이 아닌가. 이것이 배려의 모습을 띠지 않은 배려이다.

그들은 델리에 불시착한 외계인 같은 우리에게 먹는 것, 말하는 것, 여행하는 법을 알려 준 은인이었다. 정말 물가에 내놓은 아이들처럼 보였을 우리. 당연히 너무나 영어를 못하는 우리들이 딱해보였을 그들에게 우리가 놀래킨 에피소드 하나.

영어로 말은 지지리 못하지만 우리가 누군가? 고등학교 시절 종합영어를 달달 외우지 않았던가. 어느 날 영어로 된 론리플래닛을 읽고 있을 때였다. 그들이 무슨 책을 읽나보더니 깜짝 놀란다. 너 이거 읽을 수 있어? 응. 물론 사전도 찾아야 하지만… 그들의 큰 눈이 더 커졌다. 이렇게 영어로만 된 책을 읽고 이해를 한다고? 그들의 말은 원래 이거였다. 탱큐도 못하는 영어까막눈이 영어로 된 책을 읽는다고? 에이 설마~. 우린 처음에 그 질문을 이해 못했다. 그들은 외국인 상대로 영어로 말은 잘해도 우리만큼 문자는 쉽지 않았던 것 같다. 우리는 서로에게 이렇게 매일매일 놀라워하였다.

어쨌든 그렇게 영어가 짧아 제대로 작별의 표현도 못하고 우리는 입국 수속을 시작하였다. 남녀유별이 엄격한 네팔은 여자는 여자 검사관이 옷을 샅샅이 훑었다. 그 순간 나도 모르게 눈물이 흘렀다.

마을 아이들과 즐거운 시간을 보낸 추억의 장면들

보드나트 사원에서

여자는 그런 나를 보더니 당황하였다. 자기가 너무 심하게 검사해 그러는 줄 안 것이다. 나는 사실 내가 우는 지도 몰랐다. 문제는 그 눈물이 그치지 않는다는 것이었다. 내 친구는 처음엔 등을 두드려주고 위로하고 그러다가 내가 계속 그러자 뭔가 이상한 듯 멀리 가서 나를 바라보았다. 나도 그치고 싶었다. 이게 뭐지. 왜 이러지. 슬퍼야지 마음먹은 것도 아니고 울고 싶다도 아니었다. 그냥 하염없이 눈물이 났다. 아마 인도에 도착할 때까지 몇 시간이고 그런 것 같다.

나도 그때는 그것을 뭐라고 형언할 수 없었다. 그저 살다가 처음 경험한 신기한 일. 이제는 안다. 난생처음 '인간애' Humanity를 보고 배우고 느낀 표현이었다는 것을… 처음에 그들을 얼마나 의심했던가. 얼핏 보기에 시커멓고 왜소하고 상대적으로 초라해보이던 겉모습들.
네팔에 가기 전날엔 가위에 눌리기까지 하며 그들에 대하여 불안해했다. 도착해서 그들의 마을에 들어설 때만해도 긴장을 늦추지 않았다. 온 마을의 환영, 잔치분위기, 우리의 일거수 일투족이 그 마을의 뉴스거리가 되고 비자 받으러 가는 것도 마을 전체가 다 아는 무슨 '로마의 휴일' 주인공 같은 나날. '백설공주'가 되기도 하였다. 그들보다 상대적으로 하얗다는 것만으로 얼마나 많이 '이쁘다' 소리를 듣고 그들의 시중을 받았나. 솔직히 난 인도에 도착해 고개를 잘 못 들었다. 심지어 거지처녀조차 미스 유니버스감이 아닌가. 아니 이렇게 예쁜데 왜 거지를 할까 미인대회에 나가지. 진짜 솔직한 심정이었다.

휴머니즘 휴머니티

서울로 돌아와 새 학기가 시작되고 교양국어 시간에 휴머니즘, 휴머니티를 가르치게 되었다. 나는 오랫동안 나의 이 눈물범벅 이야기를 아무에게도 부끄러워 하지 못했다. 몇 년이 지난 후 어렵게 또 조심스럽게 내가 경험한 휴머니즘을 학생들에게 고해성사 하듯이 말하기 시작했다.

새로운 우주에 떨어진 나에게 의식주를 가르쳐 주고 그리고 인간에 대한 순수한 사랑을 가르쳐 준 네팔의 석가족들. 다음 생에도 잊지 못할 내 영혼의 반려들이라는 것을.

이제 그들의 아이들이 그 시절 내 친구들과 같은 나이의 청년들이 되었다. 그들의 아이들 덕분에 기적적으로 연결이 되어 지금도 우리는 페이스북 친구이다. 같이 나이 먹으며 살아가는 지구 저 편에 나의 안부를 궁금해하는 친구들의 이야기를 좀더 풀어보자.

10년 후 그리고 또 20년 후 석가족 친구들과의 시절인연

인도에서 네팔로 넘어온 여행기가 다시 인도로 가기가 쉽지 않다. 네팔 여행기로 바꿔야 할까. 나를 불교 무식자에서 불교 전공자로 바꾼 인생 여행지, 네팔 룸비니 석가모니 탄생지로 인도한 석가족의 후일담이 끊이지 않고 생각나기 때문이다. 어쩌면 시절인연 따라 내 인생의 불교가 태어난 곳이기도 한 부처의 탄생지 나라에서 오래오래 머물고 싶은지도 모를 일이다.

신기하게도 이 여행기를 쓰면서 페이스북을 통해 기적처럼 최근 다시 SNS
에서 라빈과 비놋을 만났다. 발단은 그들에게 30년전 사진과 그들과의
추억이 담긴 여행기 연재를 알려주고 싶은 마음에서 비롯되었다.

수많은 동명이인 라빈드라 샤카와 비놋 샤카 중에서 그들을 찾을 수 있
었던 것은 2010년 네팔 히말라야 트레킹 하러 갔다가 '서울에서 김서방
찾기'로 그들과 재회한 덕분이었다.

세르파족 가이드가 나의 사연을 듣고 그때 몇 장 복사해 가져간 1990년
도 사진을 들고서는 몇날 며칠 카트만두 Patan 마을을 돌아다녔다. 이
제는 커질 대로 커진 마을에서 길을 막고 'Do you know this guy?'를 외
쳐 찾아낸 것이다.

알고 보니 우리는 비슷한 시기인 1990년대 중반에 결혼을 하였고 또 자
녀들의 나이도 비슷하였다. 그동안 네팔에서는 전제군주인 왕이 물러나
는 등 나라가 혼란스러웠고 지진도 크게 나서 어지러운 가운데 다섯 친구
모두가 건강하게 잘 지내고 있었다는 것이다. 건강하면 다 된 것이다. 정
말 다행이다.

2010년 라빈들을 고향 집에서 다시 만났을 때 그의 아들 십대 소년인 수
갓 샤카Sugat Shakya가 자기의 페이스북 주소를 알려주었다. 당시만 해
도 내 늙은 친구들은 SNS를 하지 않았다. 나는 이번에 수갓의 페이스북
을 먼저 찾아 라빈과 연결하고 사진을 보냈더니 비놋도 친구신청을 해왔
다. 정말 끊어질 듯 이어지는 전생과 현생의 카르마karma를 경험하는 기

분이다.

이제 30년 차 우정을 나누게 된 네팔 석가족 친구들 중 라빈과 오랜만에 실시간으로 문자를 주고받고는 감회가 밀려왔다. 다시 서른 살로 돌아간 기분이라 말했더니 라빈의 'U r still young'이란 답이 돌아왔다. 네팔에 올 계획이 없냐고 묻는다. 문득 조만간 이들을 다시 만나게 될 것만 같다. 아니면 30년의 세월에 '세 번째는 아니 만났어야 했다'던 피천득의 '인연'을 실천해야 할까.

이제 다시 타임머신을 1990년도로 맞추고 인도로 가기 위한 기상천외한 해프닝을 거치고 부처께서 고행하고 깨달은 그 곳 부다가야로 떠날 참이다.

부처의 오도悟道 성지,
부다가야BodhGaya

부다가야Bodh Gaya

우리는 델리로 돌아와 예정대로 부처님께서 깨달으신 곳 보드가야로 향했다. '보드Bodh'는 '깨달음'이란 뜻이고 우리는 흔히 '부다'로 읽는다. 거기서 처음 놀랐던 것은 가야Gaya라는 지명이었다. 우리 나라에도 있는 '가야'가 당연히 먼저 떠올랐다. 특히나 가야는 시조인 김수로왕의 부인이 인도 아유타국 공주 허황옥이 아니던가.

2017년에는 문재인정부가 '가야사'를 국정 100대과제에 넣어 가야사에 대한 재조명이 이루어지고 2018년 7월 인도 방문을 통해 기념사업도 추진한다는 기사가 나왔다. '슈리라트나'라는 인도이름의 허황옥은 우타르 프라데시 주 아요디아 일대로 추정하고 있다. '가야'라는 지명도 '가락', '가야' 등과 발음이 비슷한데 지나지 않는 것인지 면밀한 검토가 필요한 시점이다.

가야Gaya는 인도 비하르 주의 도시이다. 비하르의 주도 파트나의 남쪽 100km에 위치하고 힌두교와 불교의 성지이다. 그곳은 삼면이 작은 돌투

성이 언덕 '망갈라-가우리, 슈링가스탄, 람실라와 브라흐마요니'에 의해 둘러싸여 있으며 서쪽에는 강이 흐른다. 가야는 고대 마가다국의 일부였다.

문헌에 의한 가야 역사는 고다마 싯다르타의 탄생 시가지 거슬러 올라간다. 가야에서 15km 떨어진 보드가야는 붓다가 깨달음을 얻는 곳이다. 그 후 가야 근처의 도시들 '라즈기르, 날란다, 바이샬리, 파탈리푸트라'는 고대 세계의 지식의 성이 되었다.

위키피디아의 기록이다. 이곳에 나오는 도시들은 모두 불교의 유적지이다. 라즈기르는 부처가 오랫동안 설법했던 왕사성이요, 날란다는 당시 10,000명의 학승이 공부하던 불교대학이다. 바이샬리 또한 석가모니 부처를 키운 대애도大愛道가 비구니가 된 곳이자 유마경이 설해진 곳이요, 파탈리푸트라는 마가다국의 수도로 현재 파트나 부근이다. 말년의 석가모니는 아난다와 함께 라즈기르를 떠나서 파탈리푸트라에서 강가강을 건너 바이샬리를 경유해서 입멸의 땅 쿠시나가라로 향하였다.

인도의 릭샤왈라(릭샤 운전수)

앞으로 우리의 여행기도 이 여정을 밟을 것이다. 어쨌든 내가 1990년 1월에 가야에 도착했을 때에는 여기가 부처께서 깨달은 곳이 맞나 싶을 정도로 작은 도시였다. 거기서 한참을 더 들어가야 보드가야가 있다고 해서 우리는 자전거 릭샤를 탔다. 우리나라의 인력거를 연상하면 된다. 델리에서는 정말 릭샤꾼들에게 바가지를 많이 썼다. 길을 모르니 일단 타고 보면 1분 거리인데도 터무니없는 값을 부르는가 하면 일부러 길을 잃은 척 멀리 돌아가기도 다반사였다. 처음에는 그들의 말을 액면 그대로 믿고 번번이 바가지를 썼지만 어느 정도 이골이 난 우리는 일단 부르는 값의 반을 깎고서야 타기 시작하였다. 또 대부분 그 가격이 적당하였다.

그러던 어느 날 델리의 뒷골목을 지나게 되었는데 그곳에서 릭샤꾼들이 대충 끼니를 때우는 장면을 목격하였다. 정말 멀건 카레국물에 밥을 버무려 먹고 있었다. 그것이 전부였다. 우리로 치면 된장국물에 밥말아 먹는 것. 반찬은커녕 건더기고 뭐고 없었다. 아! 저렇게 먹고 그 힘든 자전거 인력거를 끄는구나. 정말 충격이었다. 그렇지만 그동안 택시값도 두 배, 릭샤값도 두 배를 치르고 다니다보니 우리도 어느새 영악해져 가고 있었다.

처음에는 앙상한 다리로 자전거 릭샤를 운전하는 '릭샤왈라(운전수)'에게 미안해서 타는 것을 꺼려했다. 그러나 점점 그렇게라도 이용하지 않으면 오토릭샤에 밀려 이들의 수입은 없을 거라는 자기합리화로 무장한 채 타게 되었다. 사실 우리 두 사람의 무게만도 당시 100킬로인데 배낭 무게도 30킬로에 육박했을 것이다. 그나마 델리에서는 오토릭샤가 많았지만 지방으로 내려올수록 오토릭샤도 많지 않았다.

부다가야의 잊지 못할 릭샤왈라

그날도 먼저 릭샤값을 흥정하기 시작했다. 아마도 10루피를 불렀던 것 같다. 우리는 당연히 5루피로 깎았다. 그랬더니 릭샤꾼은 그렇게는 갈 수 없다고 거절하였다. 우리는 '또 속을 줄 알고'하는 마음으로 되돌아섰다. 그랬더니 한참 후에 그 릭샤꾼이 따라오며 가겠다고 하였다. 그럼 그렇지 하고 우리는 득의양양 자전거 릭샤를 탔다.

그런데 가다 보니 생각보다 먼 정도가 아니라 끝도 없이 가는 것이다. 그 동안은 기껏해야 5분, 10분이었던 것이다. 우리는 슬슬 마음이 불편해져 거의 동시에 원래 부른 10루피를 내자고 하였다. 도착해 그렇게 10루피를 드리니 이 릭샤왈라의 큰 눈이 더 커졌다. 우리는 이렇게 먼 줄 몰랐다고 미안하다고 당신이 부른 값이 맞다고 하였다. 그랬더니 그의 오묘한 표정을 잊을 수 없다. 우리는 말도 안 통하고 손짓발짓으로 의사소통을 할 수 밖에 없어 미안함과 감사함을 서로 말로는 표현할 수가 없었다. 그러나 그는 진심으로 온 몸으로 우리에게 고마워하는 것을 알 수 있었다. 우리가 걸어가다 릭샤왈라를 돌아보았을 때 그는 팔을 번쩍 처들지도 못하고 반만 든 채 우리를 향해 수줍게 오래오래 손을 흔들고 있었던 것이다. 정말 눈물이 핑도는 순간이었다. 심정적으로 거의 한 시간은 탄 것 같은 먼 거리, 어쩌면 20루피를 주었어도 모자랐을 거리일지도 모른다.

문득 현진건의 '운수좋은 날'이 생각난다. 인력거꾼이 운수 좋게 손님태우기를 여러 건하고 설렁탕을 사들고 오니 아내가 죽었더라는… 우리에게도 바로 몇 십년전 그런 시절이 있었다.

그는 작은 시골마을에서 하루 종일 공치고 있었을지 모른다. 그러다 웬 동양여자 둘이 와서는 터무니없이 가격을 깎는다. 처음엔 안 된다고 거절했지만 그 돈이라도 있어야 집에 돌아갈 면목이 서겠다는 생각에 릭샤를 끌고 저만치 가고 있는 우리를 따라온 것일지 모른다. 체념하고 그 먼 길을 자전거 페달을 밟아 도착했는데 그 깍쟁이같던 손님이 처음 부른 값을 지불하는 것이 아닌가. 어떻게든 고마움을 표현하고 싶은데 영어를 모르니 자기 나름의 표현 방법이 우리 등 뒤에서 오래도록 손을 흔드는 것이었다. 나는 아직도 그 기억이 사진처럼 선명한데 그 사진이 없는 것이 아쉽다. 마르고 키 큰 모습의 눈이 퀭하니 들어가 있던 나이 든 릭샤왈라가 손을 반만 들고 보일 듯 말 듯 흔들던 내 마음 속 사진 한 장.

보드가야의 보리수

드디어 보드 가야에 도착하였다. 1월이었음에도 보드가야의 보리수는 무성하였다. 이 커다란 보리수나무 아래에는 티벳 불자들이 절을 하는 기다란 판이 놓여 있었다. 나는 그곳에 정좌하고 앉아 좌선을 하여 보았다. 사실 1989년 송광사 4박 5일 수련이 내 좌선수행의 전부였지만 웬지 그곳에서는 석가모니 부처께서 하신 그대로 앉아보고 맨발로 걸어 다녀보고 싶었다.

수많은 탑들 그중에서도 보드가야대탑은 장엄하였다. 우리는 오래오래 그곳에서 거닐고 산책하였다. 힌두교와 사이좋게 앉아계신 부처님도 좋았다. 그리고 그곳에서 삐쩍 마른 티벳 고행승이 경전을 읽고 있었다. 스님의 안경에 주목하시라. 안경다리가 없다. 실로 묶어 코끝에 걸치고 한 장 한 장 패엽경 형식에서 시작했을 낱장묶음의 경전을 노란 보자기에 고이 싸서 지성으로 염송하고 계신다.

그냥 그 모습그대로 더 이상 아무 말이 필요없는 모습이었다. 그자체로 살아있는 보드가야 대탑이었다. 아마도 나는 그런 유정과 무정의 가르침을 보며 시나브로 부처의 가르침에 다가갔던 듯하다. 생면부지 석가족의 따뜻한 친절, 그리고 부처의 성지에서 만나는 티벳 불자들의 신실한 수행모습 그자체로 '도대체 불교란 무엇인가' 물음표 하나 내 안에 씨앗으로 자리잡은 것이다.

네루가 자연사 했다고 말하는 인도 불교

나는 당시 인도 불교 성지에서 인도 불자들이 없는 것이 너무 이상하였다. 지금은 탄생지 룸비니와 성도지 보드가야를 둘러보고 있지만 어느 성지를 가도 티벳불자들만이 그 성지를 참배하고 있었다. 인도 수상 자와할랄 네루는 불교는 인도에서 자연사하였다고 했다지만 당시 힌두교 안에서 불교가 습합되어 있는 모습은 생경하였다.

그야말로 인도는 '만신萬神'의 나라였다. 판테온이 모든 신을 모시는 곳이라 하는데 그곳은 정말 헤아릴 수 없는 신들의 나라였다. 코끼리 '가네샤'나 뱀이나 용같은 '나가', 원숭이신 '하누만'은 물론 쥐를 모시는 사원도 있다는 것을 알고는 정말 질색팔색을 했다. 게다가 사원을 가보면 항상

1990년의 보드가야 보리수

보드가야 대탑 앞에서

향을 피우고 시뻘건 티카로 범벅을 하고 희생 동물을 올리고 울긋불긋 치렁치렁한 천으로 신상을 장식하는 데에는 현기증이 나고 무서울 지경이었다. 종교에도 생로병사가 있음을 목격하는 시간이었다.

이즈음 카스트에도 들지 못하는 인도의 불가촉천민들이 불교에 귀의하는 일이 많아졌다고 한다. 누구나 깨달으면 부처가 될 수 있다는 부처의 평등사상이 인도에 뿌리내려 21세기 르네쌍스(재탄생)를 여는 일이 되기를 기도한다.

나는 인도를 네 번 여행하였다. 1989년에 인도 네팔 부처의 성지순례, 1997년 IMF 직후 남인도 타밀나두와 께랄라주, 2007년 북인도 달라이 라마가 계신 다람살라 지역이다. 그리고 2020년 코로나19가 폭발적으로 확산하기 직전 부처의 팔대 성지와 델리, 카주라호를 다녀왔다.

그런데 신기하게도 첫 번째의 기억이 가장 선명하다. 무엇이든 첫 경험은 대단한 것 같다. 다음에는 석가모니 부처에게 우유죽을 공양한 소녀 수자타가 살던 마을로 발걸음을 옮겨볼 것이다. 거기서 만나는 위기일발의 모험을 기대해서도 좋다.

보드가야 사원 문앞에서 경전읽는 티벳승려

부처께 올린 우유죽의 주인공
수자타의 고향 마을

동네 청년의 안내로 간 전정각산과 수자타 마을

보드가야에서 한 친절한 청년을 만났다. 그는 여행자들이 보드가야 대탑만 보고 가는게 안타깝다며 우리가 '니련선하'라 부르는 '나이란자라강'을 건너가면 부처께서 고행하실 때 우유죽을 공양한 처녀 수자타Sujata의 마을이 있다고 귀띔해주었다. 그렇다면 가야지. 어떻게 가느냐고 물으니 자기가 안내해 줄 수 있다는 것이다. 우리는 가이드 비용을 주거나 사례를 할 생각으로 다음날 아침 게스트하우스 앞에서 만나기로 하였다. 친구와 같이 나타난 우둥퉁한 청년은 먼저 티벳스님들이 계시는 보드가야 중턱 돌산인 전정각산前正覺山 암자에 데려가 주었다.

부처가 정각을 이루기 전에 고행하던 산이다. 역시나 선량함 그 자체인 두 스님이 우리를 따뜻하게 맞아주셨다. 암자라기보다는 토굴에 가까운 검소한 수행처에서 수행정진을 하시던 두 스님을 잊을 수 없다. 그때 나는 정말 천지분간이 안 되는 불교문외한이었던 터라 보시라도 좀 했는지 차만 얻어 마셨는지조차 기억이 없다. 다만 오랜 수행에 외국인을 만나는 일이 드물었던지 수줍게 우리를 반겨 주시던 모습과 잠시도 염주를 손에서 놓지 않던 노스님의 기억만이 생생하다. 강산이 세 번 바뀐 이 시절 그때 그 토굴과 스님들은 이제는 어떻게 되셨을까 퍽 궁금하다.

그래서 찾아보니 이곳은 정토회 법륜스님이 대대적인 불사를 하여 학교도 짓고 한국 절도 지어 더 이상 그때의 고즈넉하고 황량한 티벳사원이 아니다. 부처님의 그림자를 남겨놓아 '유영굴'이라는 이름이 지어졌다는 곳을 기념하기 위한 암자였던 모양인데 나는 이제야 그 사실을 알게 되었다.

나와 전정각산의 티벳스님들

전정각산

수자타 사원과 마을 풍경

그 다음에 두 청년은 수자타를 기리는 사원도 데려가 주었다. 고타마 싯타르타가 6년 극심한 고행 끝에 사경을 헤매고 있을 때 우유죽을 공양하여 정각을 이루게 하였다는 중요한 인물이다. 1990년 그때만 해도 수자타가 살던 마을은 거의 알려지지 않았다. 힌두사원처럼 생긴 방치된 작은 사원에 굴러다니고 있는 돌기둥에 새겨진 천불만이 불교 성지인 것이 맞구나 느낄 뿐이었다.

보드가야 사원 쪽에서 건기라 말라버린 나이란자라강 바닥 모랫벌을 걸어 햇볕 좋은 1월 아침 비옥해 보이는 검은흙의 논두렁 밭두렁을 지나는 길은 아주 마음에 들었다. 어디서나 볼 수 있는 허물어져가는 사원에서 수자타라는 소녀를 기리고 있다는 사실 자체에 놀라워했던 것 같다. 오히려 수자타 사원을 가는 길과 그 방치된 사원이 주는 편안함, 전형적인 인도의 시골마을 구경을 할 수 있어서 더욱 좋았다. 당시 수자타 스투파는 발굴되지 않은 상태였던 것 같다.

사원 순례를 마치고 우리는 본격적으로 그 마을을 속속들이 구경하기 시작하였다. 어른들은 모두 일하러 갔는지 동네 꼬마들만 우리를 따라 오거나 집안에서 놀고 있었다. 그 마을 토박이인 두 청년은 익숙하게 아무 집이나 들어가서 집안의 모습도 구경시켜 주었다. 가난한 마을 다진 흙으로 된 바닥에 대로 엮은 나무 침상을 비스듬히 벽에 세워 두었던 것이 생각난다. 우리 이부자리처럼 펴면 침대가 되고 낮에는 활동 공간으로 쓰는 것 같았다. 세간도 거의 없는 단촐한 시골집들이었지만 정갈하였다.

오른쪽 석주에 천불이 촘촘이 부조되어 있다. 법보신문

2020년 수자타 스투파

수자타사원 복원모습. 법보신문

수자타 마을 풍경

얼치기 치한으로 돌변한 두 청년과 보드가야 탈출

그때까지만 해도 이 두 청년 덕분에 일반 여행자나 관광객은 못 해보는 여행을 하는구나 감동하고 있었다. 이제 숙소로 돌아가는 길, 그 논두렁 밭두렁 같은 좁은 길을 앞서거니 뒤서거니 걷고 있는데 같이 온 청년의 친구가 자꾸 'enjoy'라는 단어를 쓰는 것이 아닌가.

그들이나 우리나 영어가 서툴기는 마찬가지인데다 인도식 영어발음은 정말 알아듣기 어려웠다. 지금도 처음 델리 시내에 도착했을 때 우리에게 다가온 인도인이 은근히 '마담, 돌라르~' 하던 그 발음이 귀에 쟁쟁하다. 'Madame, Dollar'라는 말인데 암달러상들이 환전해주겠노라 호객하는 소리였다. 가짜 돈도 많고 바꿔치기하거나 위험하다고 해서 한 번도 해 본 적은 없지만 그 끈적하고 드르르 굴러가는 R발음은 정말 기분 이상했다. 그런 암달러상과 비슷한 태도와 어투로 '인조이'를 반복하는 이 친구의 말은 도대체 무슨 뜻일까. 친구와 이야기하다가 퍼뜩 당시 우리나라 중년 세대 아저씨들이 쓰던 '엔조이하다' 라는 말이 떠올랐다. 내 친구는 설마 했지만 나는 갑자기 머릿속이 하얘졌다. 이 인적 드문 시골마을에서 밭이든 숲이든 어디든 끌고 가서 무슨 짓을 한다면 어떻게 하지.

잠깐, 이럴수록 정신을 차리고 차근차근 생각하자. 그동안 경험한 바에 의하면 인도 사람들은 단호하게 'No'를 하면 어느 순간 깨끗이 포기하였다. 우리나라에서처럼 이도저도 아닌 애매한 표정이나 웃음으로 얼버무리면 그들은 끝까지 달려들었다.

이 친구들은 지금 최대한 완곡하게 자기들의 의사표현을 하고 있었다. '너희가 원한다면 인조이할 수도 있는데…' 뭐 이런 표현을 계속 쓰고 있는 것이다. 지금 이 글을 쓰며 생각해보니 이들은 우리에게 흥정을 걸었던 것 같다. 우리를 겁탈하려는 게 아니라 자기를 인조이 상대로 사라 이런 뜻이었을까.

어쨌든 우리는 이 위험한 순간을 넘기기 위해 최대한 시간을 벌기로 하였다. 'NO! 지금 우리는 영어가 짧아서 너희가 무슨 말 하는지 못 알아 듣겠어. 오늘은 이걸로 충분해서 더 이상 아무 것도 필요없어. 그리고 낮이라 더워져서 오후가 되니 너무 피곤해. 빨리 집에 가서 우선 좀 쉬어야겠어.' 그랬더니 이 친구들은 새로운 제안을 했다. 그럼 자기네 친척이 하는 기념품 샵과 주얼리 샵에 가자는 것이다. '아이고 정말 잘못 걸렸구나.' 그래도 이 위기를 모면하려면 'OK! 좋다 가자, 그러나 지금은 너무 더워 안 되겠으니 저녁때 다시 만나자' 하였다. 이들은 순순히 그러자 하고 우리를 게스트하우스까지 데려다 주었다.

우리는 바로 걸음아 날 살려라 하고 짐을 최대한 빨리 꾸려서 릭샤를 불러 가야Gaya 역으로 달렸다. 쫓아올까 뒤돌아보며 얼마나 긴장되고 떨리든지… 생각만 해도 머리털이 쭈뼛해지는 순간이다. 인도 여행 중 가장 위험한 순간이었다. 그리고 여행가이드북을 그날 밤 읽어보니 그 빨간 양말의 인도 청년을 조심하라는 이야기가 쓰여 있지 않은가. 사원에 들어갈 때 보니 그 친구의 빨간 양말이 눈에 띄었는데 벗은 양말 뒤꿈치 구멍이 크게 나있어 더 기억이 또렷했었다. 우리는 다시 한 번 가슴을 쓸어내리는 한편 그 고즈넉하고 평화로운 보드가야에서 며칠이고 머물려던 계획이 그 얼치기 사기꾼들 때문에 들어져서 더욱 화가 났었다.

어쨌든 돌아와서 이 이야기는 우리 둘만의 비밀로 오랫동안 함구하였다.
다시는 외국여행을 못하게 할 것이 뻔하기 때문에… 그리고 우린 그때 둘
다 갓서른, 아직 결혼 전이었고 지금 생각하면 어렸었다. 그래도 인도여
행의 지도법사이기도 한 송광사 현음스님께 그 사실을 말씀드렸다. 인도
는 위험한 곳이 아니라고 우리를 안심시켜준 인도여행의 길잡이. 당신은
남자라서 그런 일은 추호도 생각하지 못했다고… 누군가 인도에 간다면
조심하라 이야기하겠노라고.

상전벽해가 된 수자타 마을과 한국 정토회

지금 이 수자타 마을은 한국의 정토회에서 '전정각사'라는 사찰을 세우
고 '수자타 아카데미'를 설립해 가난한 마을 사람들을 교육하고 대대적
으로 달라진 마을이 되어가는 모양이다. 그리고 '수자타 스투파'라는 유
적지도 발굴해 복원되었다. 그야말로 상전벽해의 마을이 된 것이다. 그러
나 나에게는 여전히 순박하게 오래 손흔들던 수줍은 자전거 릭샤왈라나
보드가야 사원 벽 한쪽에 자리잡고 앉아 경전을 읽던 티벳 고행승 그리고
아무도 돌아보지 않던 부처의 성지를 맑은 모습으로 지켜나가던 척박한
돌산의 티벳스님들이 여전히 현재 진행형으로 살아 숨쉰다.

그때는 이 가난한 마을이 간절히 잘 살기를 바라고 수많은 나라들의 절
중에 찾아볼 수 없던 한국 절이 꼭 생기기를 기원했지만 정작 복원과 개

발을 통해 생경한 불상과 단체 관광버스가 오가고 아이들에게 구걸을 시킨다는 소식을 접하니 다행과 안타까움의 양가감정을 주체할 수가 없다. 여러 번 인도를 갔지만 30년 전 첫 부처 성지순례의 인상이 크게 자리해 두 번째 성지순례를 오래 망설이게 되는 이유이다.

이렇게 부처님 태어나신 나라 네팔 룸비니에서 깨달은 인도 보드가야의 보리수나무와 전정각산, 수자타 사원을 거쳐 이제 깨달음을 오랫동안 설법하신 왕사성 라즈기르로 발길을 옮긴다.

한국 정토회가 세운 수자타 아카데미

마가다왕국 수도 라즈기르 영축산에서
'여시아문'을 외치다

1990년 영축산에서

● 이제 우리는 드디어 부처님께서 오래 머물며 설법하신 '왕사성' 라즈기르에 도착했다. 이 기회에 법정스님의 '인도기행'을 다시 읽었다. 무슨 숙연인지 법정스님의 인도여행기는 우리와 같은 시기에 거의 앞서거니 뒤서거니 하며 비슷한 일정으로 이루어져 있다. 그래서 '무작정 인도여행'을 감행하며 인도의 한 여름 날씨에 한국 겨울 내의에 겹겹이 패딩과 조끼까지 껴입고 간 여행무식자들은 우리가 다녀온 인도 부처님 성지의 정확한 정보를 법정스님 글을 읽으며 확인했던 추억이 있다. 우리가 갔던 네팔 사원 이름이 '보드나트였군' 이라든지, '라즈기르가 왕사성이었어? 앗 죽림정사가 있는 줄도 모르고 지나쳤네 아까워라' 하면서 여행 알리바이를 완성해 나갈 수 있었다. 고마우신 법정스님!

게다가 당시 법정스님을 에스코트한 송광사의 현음스님은 1989년 나의 송광사 수련원 지도법사이자 인도여행 길잡이 선생님이기도 하였다. 승보종찰답게 송광사 스님들은 여행 자유화가 되기 이전인 1980년대 전후부터 인도를 다녀오신 분이 많았다. 서울 사간동 '경전읽기모임'에서 '법화경'을 구성지게 읽어주시던 송광사 돈연스님은 부처님처럼 맨발로 1년동안 부처님의 유적지를 순례하였고 청학스님도 송광사 수련회에서 인도에 대한 슬라이드를 보여주셨다. 달라이 라마의 제자가 된 청전스님은 그때 다람살라에 갓 도착해서 티벳어 익히기에 여념이 없었다. 그 이야기는 나중에 쿠시나가라 편에 나올 것이다. 나는 결국 송광사 스님들께 감화되어 인도행을 결행하게 된 것이다.

지금도 코앞에 두고 가지 못한 왕사성의 칠엽굴과 죽림정사를 생각하면 분하기 짝이 없다. 그리하여 꼭 한 번 부처님의 성지를 다시 가 볼 작정이었는데 이 글을 쓴, 30년이 지난 2021년에 그 목표를 이루었다. 그 이야기는 다음에 쓸 30년 후 인도 기행 편을 기대하시라. 맛보기로 사진을 먼저 싣는다. 지금과는 달리 상전벽해가 되기 전 그 시절의 기억을 고스란히 이 여행기에 쏟아놓고 시작할 예정이다.

2020년 2월의 칠엽굴

우리는 오늘 왕사성 영축산에 깃든 서리서리 동짓달 밤처럼 펼쳐진 기나긴 부처님 스토리텔링 속으로 들어갈 것이다.

이번에는 마차를 타고 왕사성으로 갔다. 그렇게 한겨울임에도 제법 땀까지 흘리며 걸어 영축산 정상에 올라갔다. 인도의 겨울은 우리가 생각하는 겨울이 아니다. 아침저녁 일교차가 10도이상 나서 항상 여분의 옷을 들고 다니며 입었다 벗었다를 하였다. 아침저녁은 쌀쌀하고 점심 때는 더운 영상 10도 안팎의 날씨로 여행 최적의 계절이다.

2600년전 부처님께서 가장 오랜 기간 머물며 설법하셨다는 이곳 마가다국 왕사성 영축산. 그때는 그저 법화경에 나온 '영산회상'의 영산인가 보다 하고 지나갔다. 이제 다시 '인도 기행'을 읽으니 서슬 푸른 법정스님도 젊디 젊은 모습으로 영축산 계단을 오르고 있다. 그 시절 나의 연배셨던 책 속의 법정스님 사진을 보며 나도 곧 60을 바라보네 어쩌네 호들갑 떨던 나이를 되돌아보게 된다.

이즈음 한 달에 한 번씩 여행 원고용으로 30년 전 사진을 들여다보면서 이처럼 꽃답던 시절을 그때는 노처녀라는 둥 몰라보고 지나온 시간에 가슴을 치게 된다. 어쩌면 누군가에게는 여전히 젊어 보일 이 시절, 이 나이. 그중에서도 오늘이 남은 생 중 가장 젊고 예쁜 날이라는 것을 아침마다 '천상천하 유아독존'의 자세로 외칠 일이다.

영산회상 불보살의 영축산이 있는 왕사성

영축산靈鷲山은 영취산, 영추산 등으로 불리기도 한다. 모두 독수리[鷲]의 한
자어 발음이다. 누군가는 영축산 정상에 독수리 바위가 있어서, 독수리
가 많아서 이름이 지어졌다 한다. 우리나라 삼보사찰 통도사도 영축산
아래 자리 잡고 있다. 나는 인도를 다녀온 뒤에야 통도사를 가게 됐는데
독수리 날개처럼 펼쳐진 너른 산세가 라즈기르 산세와 비슷해 깜짝 놀랐
던 기억이 있다. 필시 라즈기르 다녀온 누군가가 붙였거나 그 산세를 읽
고 들은 이의 작명일 것이다.

인도 영축산

통도사 율주이신 나의 스승 혜남스님께서 여러 가지로 불리는 이 산을 통도사스님들은 '영축산'이라 오래전부터 전해져 왔다고 정리해 주셨다. 이제 우리는 영축산으로 불러드려야 한다. 모름지기 이름은 그곳에 사는 이들이 쓰는 발음이 표준이 되어야 하는 까닭이다.

영축산을 줄여 '영산회상靈山會上 불보살佛菩薩' 할 때의 '영산靈山'으로 줄여 부르기도 한다. 고려와 조선시대까지 춤과 노래로 사랑받아왔던 '영산회상'도 바로 이곳이다. 이제는 국악에서 거문고나 대금연주곡의 제목 '상영산上靈山' 정도로 남아있다. 또 다른 팔리어 gijja-kūṭa의 음사로 영축산을 우리는 '기사굴산'이라고도 한다.

양산 통도사 영축산

후불탱화로도 많이 남아있는 '영산회상'은 부처님께서 마가다국 왕사성 근처 영축산에서 제자들에게 '법화경'을 설법한 모임을 그림으로 그린 것이다. 넓은 의미로는 석가의 가르침, 또는 불교 자체를 의미하는 불교의 상징적인 그림이다. 고려와 조선시대 법화경 신앙이 크게 유행되어 석가모니불에 관한 그림을 그릴 때는 대웅전이나 영산전의 후불탱화로 영산회상의 장면을 그렸다고 한다.

보물 제1353호 통도사 영산전 영산회상도, 1734년

부처님과 제자 가섭의 이심전심과 염화미소

이곳에서 부처님과 제자 가섭의 이심전심以心傳心과 염화미소拈花微笑의 유래가 생기기도 하였음을 아는가. '라자 그리하, 라즈기르(Rajgir/राजगीर), 왕사성'의 영축산(Griddhakuta Peak)에서 펼쳐지는 석가모니와 가섭의 불교 명장면. 석가모니가 영산회상에서 연꽃 한 송이를 대중에게 보이자 마하가섭만이 그 뜻을 깨닫고 미소 지음으로 그에게 불교의 진리를 주었다고 하는 데서 유래한다.

이로부터 선禪을 염화시중의 미소, 또는 이심전심의 비법이라 표현하기 시작했다는 사실.

염화시중의 미소 대한불교조계종 정수사

왕사성 칠엽굴 아난의 여시아문의 무대

왕사성은 '다문제일 제자 아난'이 부처님의 설법을 '나는 이와 같이 들었다'라고 유장한 목소리로 부처님의 말씀을 토씨 하나 틀리지 않고 읊어내던 인간 '알파고' 데뷔 무대이기도 하다. 부처님의 제자인 마하가섭은 부처님의 가르침을 옳게 파악해 놓지 않으면 정법정률正法正律이 없어지게 될 것을 두려워하여 부처님 입멸한 다음 해 왕사성 칠엽굴七葉窟에 500명의 비구를 모아놓고 결집을 거행하였다.

이 1차 결집 때 아난은 '여시아문如是我聞'이라고 전제하면서 자신이 들었던 부처님 말씀을 그대로 암송하였기 때문에 모든 경전의 첫 머리에는 반드시 '여시아문如是我聞'이라는 말이 생기게 되었다.

칠엽굴 내부 아무리 봐도 500명은 무리이다

빔비사라왕의 유적

영축산 초입에 도착하자 빔비사라왕의 유적이 펼쳐져 있었다. 빔비사라왕이 아들 아사세왕에게 왕위를 빼앗기고 갇혀있던 감옥과 빔비사라왕이 부처님을 존경하여 설법을 들으러 올라갔던 계단 길, 가다가 쉬었다는 쉼터 등이 그득하였다.

라즈기르는 부처님이 빔비사라왕과 첫 인연을 맺은 곳이다. 빔비사라왕이 왕자 시절 다섯 가지 소원이 있었는데 첫째는 국왕이 되는 것, 둘째는 왕이 되었을 때 나라에 부처님께서 오시는 것, 셋째는 그 부처님을 예경하는 것, 넷째는 부처님의 가르침을 직접 듣는 것, 다섯째는 부처님께서 설하시는 법을 이해하고 깨닫는 것이다. 이 다섯 가지 소원을 모두 이룬 빔비사라왕은 부처님의 가르침과 승가에 귀의하여 일생동안 부처님의 가장 강력한 후원자가 되었으며, 라즈기르는 불교교단의 중심지가 되었다.

빔비사라왕은 왕사성 부근에 죽림정사^{竹林精舍}를 지어 부처님에게 바치고 앙가국 등을 병합해서 코살라국과 함께 강대한 왕국을 구축했다.

빔비사라왕의 유적지 팻말 앞에서

빔비사라왕 감옥터

라즈기르 영축산 '관무량수경' 무대와
일본식 Peace Pagoda

● 계절도 인생도 인도여행도 무르익어가는 시절이다. 갈수록 스토리텔링 넘치는 라즈기르 영축산에 얽힌 이야기를 이어가 보자.

빔비사라왕가의 비극과 관무량수경의 무대 영축산

영축산은 빔비사라왕의 부인 위제희Vedehi와 아들 아사세라 불리는 아자타샤트루 왕자의 비극이 일어난 곳이기도 하다. 당시 마가다국은 문화의 일대 중심지가 되어 불교나 자이나교의 개조 등의 새로운 종교를 주창했으나 만년에 그의 아들 아자타샤트루ajātaśatru에 의해 감옥에 갇혀 죽게 된다.

야심가인 아자타샤트루는 석가모니의 사촌으로 부처님을 배반한 데바닷타devadatta에 교사당해 부왕을 죽이고 왕위에 올랐다고 한다. 기원전 493년경~기원전 462년경 재위 중에 북서방의 대국 코살라나 북방의 브리지국을 정복해서 마가다국 발전의 기초를 구축하고 파탈리푸트라

(후세에 마가다국의 수도)의 땅에 처음으로 성을 쌓았다. 아사세왕은 즉위 후에도 데바닷타 편에 가담하였으나, 후에 잘못을 뉘우치고 석가모니의 신봉자가 되었다. 부처님은 이 왕의 재위 8년에 열반하게 되는데, 그때 유골의 일부를 얻어서 수도인 라즈기르(왕사성)에 불탑을 건립했다고 한다. 또한 같은 해 라즈기르 교외에서 열린 제1차 불전결집佛典結集을 원조하였다.

위제희 Vedehi부인은 빔비사라 왕과 함께 신심 가득한 불교 신자였다. 아들 아자타샤트루가 데바닷타의 꾐에 넘어가 부왕을 감금하자, 아들을 설득하여 뉘우치게 하였으나 이미 빔비사라 왕은 감옥에서 굶어 죽은 뒤였다고 전한다. 감옥에 갇힌 남편 빔비사라를 위하여 몸에 보릿가루와 꿀을 섞어 바르고 발에 달린 장식 속에 물을 넣어 왕을 돌보았으나 발각되어 유폐되었다.

이 비극의 원인이 된 데바닷타는 석가모니의 제자가 되었으나 승단을 물려줄 것을 청하여 거절당하자 500여 명의 비구를 규합하여 승단을 이탈하였다. 여러 번 붓다를 살해하려다 실패한 인물로 기록되는, 후세에 만들어진 인물이라고도 한다.

도대체 권력이 무엇이기에 이렇게 죽고 죽이는 악순환이 이 시절부터 거듭되는 것일까. 빔비사라왕은 부처님을 위한 5대 원력을 세우고 불법을 수호한 왕이었지만 아들에 의해서 모든 것을 빼앗기다 못해 감옥에 갇히고 죽음에 이른다. 이 또한 인과라 하겠지만 정말 듣기만 해도 인간 세상의

라즈기르 영축산 피스 파고다

1990년 영축산 빔비사라왕 유적지

영축산 일본 절 샨티 스투파 입구에서

욕심과 어리석음의 결정판을 경험하는 것 같다. 그로 인한 분노와 짙은 인생무상은 두 부부가 아니라도 일러 무삼하리오. 배은망덕이라든지 은혜를 원수로 갚는다는 말과 그 경험은 인생을 살다보면 누구나 크든 작든 겪는 일이다.

그러나 그것이 눈에 넣어도 아프지 않은 자식일 때, 그렇게 가혹하게 하지 않아도 자신의 몫이 될 일을 이렇게까지 하는 것을 보면 인간은 '탐진치貪瞋癡의 복합체'로 이루어진 것이 맞는 것 같다. 이렇게 말하는 나도 완력으로 빼앗지 않았을 뿐이지 공부한답시고 삼십대 중반까지 부모님께 용돈까지 타서 쓴 또 다른 아사세이다. 물론 당시는 열배로 갚겠다고 호언장담하였고 그럴 자신도 있었다. 그러나 어머니는 본전 1원도 갚기 전에 돌아가셨다. 아사세의 뒤늦은 회한도 이러했을까.

이러한 역경과 시련의 원인이 있어야 새로운 열매가 탄생하는 법. 감금된 위제희부인의 기도에 응답해 부처님이 출현한다. 이 세상에 절망해서 아미타불의 정토를 기원하는 왕비에게 아미타불이나 그 정토를 관상하는 방법을 가르쳤는데 이때의 가르침이 『관무량수경觀無量壽經』이 되었다고 한다.

영축산의 일본식 Peace Pagoda

1990년 당시만해도 시골 느낌 물씬 나던 라즈기르 영축산에 마차타고 내리니 부처님께서 설법하시던 맞은편 산 정상에 생뚱맞은 흰 구조물이 위풍당당하였다. 샨티 스투파(Peace Pagoda)라 불리는 일본식 팔상도 건축이었다.

'평화의 탑'이란 뜻을 가진 산티 스투파는 원자폭탄의 피폭국인 일본이 전쟁의 위험을 알리고 세계평화를 기원하는 목적으로 건립한 평화기념비라는 것이다. 그것이 왜 하필 영축산 꼭대기이고 산세라든지 주변 풍광과 조화를 생각하지 못했을까에서는 아쉬움이 크다.

인도 불교와 부처님의 설법지와는 전혀 상관없는 거대한 기념비와 케이블카로 관광지처럼 변해버린 영축산의 모습에 아쉬움을 전하는 사람은 비단 나만이 아니다. 찾아보니 이 탑은 일본 불교단체인 법화경을 소의경전으로 하는 '일련정종'이 주관했다니 부처님께서 법화경을 설법한 곳이라는 점에서 이해가 간다. 그러나 바로 그곳에 거대한 창가학회 사원과 산티 스투파라 불리는 기념비가 자리 잡고 있는 것은 불교가 사라진 인도에서 또 다른 경제 권력처럼 보여 씁쓸해지는 것이다.

현재 인도 비하르주 라즈기르, 옛날 마가다국 왕사성 영축산에는 이렇게 꼬리에 꼬리를 무는 불교의 스토리텔링이 인드라망 꽃처럼 송이송이 피어난다. 사실 나도 영축산과 관련된 이 많은 이야기들을 이번에 공부하며 알게 되었다. 그러므로 유홍준은 이렇게 갈파했느니. '알면 보이고 보이면 사랑하게 되나니 보이는 것은 그 전과 같지 않으리라.' 자, 이제 다시 아는 만큼의 행장을 꾸려 다음 여행지 '최초 설법지 녹야원'으로 떠날 차례이다.

석가모니 최초 설법지
녹야원 사르나트

● 사르나트라 불리는 녹야원에 갔을 때 가장 인상적이었던 것은 아담하다 못해 초라해 보이는 박물관에 최고의 예술품들이 아무렇지 않게 놓여 있었다는 것이었다. 인도의 국장으로 사용되고 있는 아쇼카 석주의 네 마리 사자상과 부드러운 기품 넘치는 석가모니 좌상이 그야말로 방광하고 있었다. 아마 우리나라 석굴암의 석불을 처음 보았을 때의 감동과 비슷하리라. 또 하나 밖에는 다메크 스투파라는 40미터가 넘는 거대한 탑이 서있었다.

젊디 젊은 시절 다메크 스투파가 다섯 비구에게 설법을 기념한 탑이라는 것도 모르고, 녹야원이 전생에 사슴왕이었던 부처님을 기리는 이름인 줄도 모르고 무작정 가서 찍은 이 한 장의 사진을 보노라면 인연을 넘어 숙연의 어느 지점이 보인다. 일단 30년 후 이 사진을 들여다보며 이곳을 음미하는 글을 쓰게 될 줄 그때는 진정 몰랐다.

녹야원은 석가모니부처님이 35세에 성도成道한 후 최초로 설법을 개시한 곳이며, 이때 아야 교진여 등 5명의 비구를 제도하였다고 한다. 탄생(룸

2020년 사르나트 다메크 스투파

비니)·성도(부다가야)·입멸(쿠시나가라)의 땅과 더불어 불교 4대 성지의 하나로 일컬어지며, 다메크탑을 비롯한 많은 불교 유적과 사원寺院·박물관 등이 녹야원 곳곳에 남아 있다. 박물관에는 아쇼카왕 석주두石柱頭를 비롯하여 많은 유품들이 소장되어 있는데, 특히 네 마리의 사자상으로 된 석주는 인도미술 최고의 걸작으로 마우리아기期에 속하는 가장 오래 된 유물이다.

부다가야에서 깨달음을 얻은 부처님은 280킬로미터를 걸어 다섯 비구가 있는 사르나트로 '초전법륜'하러 간 것이다. 맨발로 걸어갔을 그 길… 불교경전에 항상 제자들과 탁발을 마치고 돌아와 발을 씻었다는 기록을 인도에 직접 가보니 알게 되었다. 2,600년이 지난 후에도 여전히 맨발로 다니는 사람들이 대부분이었기 때문이다.

나에게 경전읽기를 가르쳐 주시던 송광사 돈연스님은 그 부처님 자취 그대로 맨발로 1년 동안 걸어서 순례를 하였다고 한다. 10분 좌선하면 10분 부처라던 법정스님의 말씀처럼. 그말에 감화를 받은 나는 또 그 뒤를 이어서 인도행을 감행하고… 만일 이 글을 읽고 인도를 가는 한 사람이 있다면 그렇게 우리는 부처님의 자취를 면면이 잇는 불제자의 일대사 인연이 될 것이다.

지금이야 '초전법륜'이 불교에서 일반명사화 된 사실이지만 당시 그 다섯 비구가 어떤 비구들인가. 함께 고행하다 수자타의 우유죽을 받아먹었다고 부처님을 떠난 이들이 아닌가. 극심한 고행 6년을 함께 하고도 깨달음을 얻지 못한 싯달타가 고행을 포기하고 선정삼매 수행을 통해 이룬

아쇼카 석주 네 마리 사자 상

사르나트 박물관의 초전법륜상(1990)

사르나트 박물관의 천불상

깨달음을 과연 그들이 인정하고 받아들일 것인가. 부처님조차 자기의 깨달음을 전하기 어렵다고 생각해 처음엔 설법하지 않기로 결심했다가 범천의 설득으로 법륜을 굴리게 되었다고 하지 않는가. 지금도 부다가야부터 걸어가기에는 멀고 먼 사르나트를 향해 길을 가는 초전법륜 전의 부처님의 인간적인 모습이 보인다.

과연 그들은 처음에 부처님을 거부하려 하였다 한다. 그러나 가까이 다가오는 모습을 보고 자연스럽게 맞이하여 가르침을 듣기 시작한다. 저속하고 무의미한 쾌락에 빠지는 삶과 힘들고 무의미한 고행에 몰두하는 삶의 양 극단을 피하고 깨달음과 열반의 경지에 도달하게 하는 바른 길이자 중도^{中道}인 팔정도^{八正道}라는 가르침을. 그리고 그들에게 네 가지 고귀한 진리^{四聖諦}를, 완전히 깨달았음을 얻었다고 선포한다. 이 초전법륜의 가르침을 듣고 수행한 다섯 사람은 차례로 첫 번째 성자의 경지인 수다원과를 이루고 부처님의 정식 제자인 비구가 된다.

초전법륜^{初轉法輪}의 뜻이 무엇인가. 처음으로 법의 바퀴를 굴린다는 직역이 품은 수많은 뜻을 우리는 얼마나 헤아릴 수 있을까. 산스크리트dharmacakra-pravartana라고 하는 깨달음, 진리의 바퀴를 굴리기 위해 왕자로 태어나 생로병사의 인간사를 목도하고 출가, 수행에 이르기까지 33년의 생애, 6년 수행이라 쉽게 말하는 우리. 그 속에 빙산의 일각 아래 가려진 수많은 전생담들. 그 기록의 결정판 월인석보를 보면 노래와 설법으로 그 내용을 세세히 전하고 있다.

부처님이 결국 이룬 그 경지, 깨닫기 어렵고 설법하기 어려운 불교의 가르침이 그렇게 기원전 6세기부터 시작해 21세기까지 이어지고 있다니 정말 '백천만겁 난조우'의 로또 당첨은 발뒷꿈치도 못 따라오는 희유한 시절인 연이다. 여행기를 쓰면서 불교공부의 행운을 느끼는 것은 비단 나만은 아닐 것이다.

아쇼카 석주의 법륜

1990년 당시 지금의 사르나트와는 많이 다른데 녹야원이라는 이름에 걸맞는 동물원인지 공원인지가 있었다. 녹야원에서 정작 사슴은 몇 마리밖에 본 기억이 없다. 게다가 초전법륜을 상징하는 부처와 다섯 비구의 조각상이 색칠도 조악하게 모셔져 있었다.

여행 중반인 그때쯤엔 당연히 받아들이게 된 인도 불교의 자연사가 무색할 지경이었다. 박물관은 우리가 일찍 간 탓인지 방문객도 거의 없었다. 그러나 지금은 엄격한 통제로 찍기 어려운 사진을 마음껏 찍었다. 그리고 다메크 스투파 감실 중 하나에 커다란 벌집이 눈에 들어왔다.

불상이 모셔져 있었을 그곳에 세월과 인연따라 성주괴공을 거쳐 남아있던 벌집… 기하학적 무늬, 아라베스크 문양보다도 그 겨울의 벌집이 신기했던 기억으로 각인되었다.

우리에게 아육왕이라 불리는 아쇼카왕이 세운 거대한 탑은 전쟁의 참상을 겪고 불교에 귀의해 부처님 성지를 순례하며 쌓은 수많은 불탑 가운데 하나이다. 그가 세운 아쇼카 석주에는 불교의 가르침과 인간의 윤리적인 측면을 자세히 기록했는데 그 기둥 꼭대기의 사자 조각상이 지금 인도의 국장이 된 것이다. 이처럼 지금은 작은 마을 사르나트이지만 인도의 상징이자 불교전파의 첫 출발점인 것이다.

인도여행을 꿈꾸는 이들이 있다면 나처럼 한 여름에 겨울 옷을 입고 떠나 불교의 'ㅂ'자도 모르던 사람이 불교학자가 되어 이 글을 쓰고 있다는 것이 격려가 될 수 있다면 좋겠다. 부처님의 탄생지가 네팔에 있는 것도 모르고 우연히 발들여 놓았다가 발길 닿는대로 왕사성, 녹야원을 거쳐 쿠시나가라로 여행할 수 있는 여백으로 가득찬 여행도 인생을 바꿀 수 있다는 것을 알았으면 좋겠다. 녹야원에 수많은 승방터 자취에 감명받고 기도하는 티벳 불자를 따라 저절로 좌선도 하고 행선도 하는 마음의 움직임에 몸을 맡겨 보았으면 좋겠다.

다음에는 사르나트에서 가까운 바라나시 이야기를 풀어보려 한다. 일생에 잊을 수 없는 생과 사의 공존현장, 세상 끝에서 모여드는 철학자들의 이야기…

어설픈 녹야원 사슴공원 (1990년)

DHARMARAJIKA STUPA

사르나트 녹야원

아! 바라나시,
　바라나시　잊을 수 없는 생과 사의 나눔터

바라나시에 갔었지

천지분간 안 되던 꽃처녀 시절

저마다의 사연을 안고 모여들던 게스트하우스엔

밤새 마약하고 종잇장처럼 하얘져 종일 잠만 자던 스위스 소녀

중장비 기술자로 중동에서 1년 일하고 돈떨어질 때까지

바라나시 화장터만 하염없이 바라보다 돌아오던 일본 아저씨

지구촌 인종 전시장 방불케 하고

쇠똥 개똥으로 발디딜 틈 없던 바라나시 좁디좁은 골목길은

똥범벅을 무릅쓰지 않으면 한 발짝도 나갈 수 없었네

그 중에서도 잊지 못할 한 가지 해도 뜨지 않은 새벽

타다남은 시체가 떠다니고 온갖 쓰레기 흘러다니던 강가 강물

노저어 건네주던 소년 뱃사공 처연한 눈길

　　　　● 그랬다. 지금도 어제 일인 양 손에 잡힐 듯 또
렷이 떠오르는 바라나시의 이미지들이다. 갓서른 떠난 인생 최초의 외국

30년 후 2020년 깨끗해진 바라나시 강가강 새벽

여행 중에서 그야말로 혼돈 그 자체 인생의 카오스를 경험했던 극적인 인생의 한 장면으로 쑤욱 걸어 들어가 보자.

마크 트웨인은 바라나시를 '전설보다 오래된 도시'라고 멋진 말을 했다지. 내가 좋아하는 헤르멘 헤세도 비틀즈도 모두 인도에 다녀와서 훌륭한 작품을 썼다. 그 정점에 있는 도시 바라나시, 예전엔 영국식으로 베나레스라 읽었던 도시. 그럼에도 불구하고 나는 그저 사르나트에서 1시간 정도 걸리는 가까운 도시로만 여기고 이곳에 발을 들였다.

일단 무수히 많은 인간들이 강가강 계단인 가트에 가득하였다. 크고 작은 가지각색 힌두신전에서는 울긋불긋한 꽃공양과 희생으로 동물의 피가 난무하고 그 근처를 온갖 동물들이 돌아다녔다. 특히나 소가 많았는데 소를 신성시해 주인이 없는 줄로 알았지만 모두 주인이 있다는 사실도 알게 되었다. 한 사람이나 겨우 다닐 법한 비좁은 골목엔 온통 배설물 천지여서 인도산 두께 1밀리 가죽 슬리퍼를 신은 나는 오도 가도 못하고 쩔쩔매다 한 번 쇠똥에 범벅이 된 후 차라리 맘편하게 그 골목을 지나갈 수 있었다.

그렇게 도착한 바라나시 게스트하우스는 이미 만원이라 남녀 혼성 도미토리도 겨우 얻을 수 있었다. 거의 인간 서랍장같은 좁은 방에 스위스 소녀와 일본 아저씨가 이미 머물고 있었다. 밀랍같이 하얗고 말이 없던 스위스 앳된 아가씨는 새벽에 들어와 하루종일 시체처럼 잠만 자고 있었다. 나중에 알고 보니 마약을 밤새고 들어온 것이라는데… 그땐 인도에서 '하쉬쉬' 같은 것을 아무렇지 않게 할 수 있다는 사실도 몰랐다. 단지 고

된 노동에 시달리는 릭샤꾼들이 '삔랑'이라 불리는 각성효과 강한 열매를 씹고 길에다 온통 핏빛 침을 뱉는 걸 보고 질색하던 기억만 선명하다.

여행 초짜인 우리들은 바라나시도 하루 만에 완전정복할 태세로 그나마 약간 할 줄 아는 일본어에 동양인이어서 반가운 일본아저씨를 기다리고 있었다. 한 달 동안 머물고 있다는 그에게 바라나시 관광 정보를 잔뜩 얻을 심산으로… 그러나 어두워진 뒤에야 들어온 이 아저씨는 한 달째 바라나시 강가강 가트에서 아침부터 저녁까지 죽치고 앉아 화장터만 바라보다 돌아온다는 것이다. 아니 왜? 아, 여기는 정신이 멀쩡한 사람은 아무도 오지 않는 곳인가.

여행, 특히 말도 통하지 않고 다시 만날 기약도 없는 외국여행은 여행자들을 곧잘 무장해제 시킨다. 아저씨는 자기 이야기를 풀어놓기 시작하였다. 마침 내가 알고 있던 '22才の別れ(스물두살의 이별)'이란 노래로 공감대가 형성돼 그 가사 내용으로 점철된 자기 인생사를 들려 주었다. 자기가 사랑하던 여인이 있었는데 동생도 사랑하게 되었다는 것이다. 애써 사랑하지 않는 체하며 그들의 결혼을 지켜보고 중동의 중장비 기술자로 떠나게 되었다는 것이다.

그후 인도를 여행하게 된 그는 1년 정도 중동에서 돈을 벌면 바라나시에서 돈 떨어질 때까지 있다가 다시 일하러 간다는 것이다. 사랑을 잃고 떠난 노래 가사 이야기를 하다가 갑자기 자기 인생이야기를 하기 시작한 이 아저씨, 문득 그 노래의 주인공이 아닐까 싶었다. 거의 확신처럼 내게 다가온 바라나시에서 만난 이웃나라 아저씨의 전설…

1990년 바라나시 강가에서 옷을 입고 목욕하는 여성들

사람으로 가득 찬 강가 가트의 풍경

220년 바라나시 화장터

바라나시 강가의 일출

바라나시에서 한 달 동안 바라본 화장터는 그에게 무슨 의미였을까. 인도여행을 하는 동안 그리고 살아가면서 인도를 떠올릴 때마다 오래오래 나에게 되묻게 하는 질문이었다. 바라나시는 그런 곳이었다. 바라나시에 다녀오면 자기도 모르게 최소한 자기도 모르게 철학하는 인생을 살게 된다.

아침 일찍 강가강 가트에 나갔다, 일출을 보러. 깜깜한 새벽부터 부산한 사람들… 먼동이 틀 때까지 기도를 하고 유등을 강에 띄우고 가져온 공양물을 바치고는 신성한 어머니의 강 강가에 들어가 목욕을 한다.
인도사람들은 이 강에 목욕을 하면 그동안 지은 죄가 깨끗이 씻어지고 이곳에서 죽은 뒤 화장을 하면 극락에 간다고 철석같이 믿는다. 하나같이 엄숙하고 진지한 이들의 모습. 그러나 신심이라고는 1도 없는 이방인의 눈에는 성수라고 그 물을 마시는 데서부터 아연실색. '으악! 저 더러운 물을…' 인도사람들은 죽기 전에 바라나시로 와서 그곳에서 죽기를 기다리는데 돈많은 부자들은 많은 장작을 사서 아낌없이 화장되지만 가난한 사람들은 타다만 시체가 되어 강물에 버려지기 일쑤라는 것이다.
생각만 해도 끔찍한데 하수시설이 잘 돼 있을 리 만무한 인도의 온갖 오물이 다 그 강에 흘러 들어온다고 생각해 보시라. 실제 소년 뱃사공이 젓는 보트를 타고 강가강에 나아갔을 때 우리는 흔치 않은 토끼 시체까지 목도하였다. 그 물을 정화수라 마시고 머리에 뿌리고 심지어 풍덩 잠기기까지 한다. 인도 여인들은 옷을 입은 채로 들어가 의식을 치룬다.

인간의 믿음은 도대체 그 근원이 어디까지일까. 뻔히 보이는 구정물이 그들에게는 신성한 정화수로 보인다는 사실 하나만으로도 화엄경의 '일체유심조', 더러움과 깨끗함이 둘이 아니라는 '불이^{不二}사상'까지 깨칠 지경이다.

그래서일까. 실제로 나는 한 달 남짓 인도여행을 다녀와서 그동안의 가치관과 세계관이 온통 뒤바뀌는 경험을 하고 인생관이 많이 달라졌다. '검은 깨 쿠키'인 줄 알았다가 집는 순간 날아가는 파리떼를 보고 더 이상 결벽증환자 노릇을 안 하게 되었으며, 우리나라 예의가 다른 나라에서는 무례일 수도 있음을 이해하게 되었다. 인도 신전에 갈 때마다 신었던 신발은 물론 양말에 가죽벨트까지 풀어야 참배할 수 있던 사실은 나에게 충격이었다. 우리는 제사나 차례 지낼 때 없던 의관까지 정제해야 하는데 말이다.

그렇게 바라나시 강가강의 카오스를 두루 섭렵하고 가까이 있는 힌두대학교에 릭샤를 타고 가보았다. 나름 1년차 대학 선생의 호기심이 발동해서이다. 그때 인도여행을 감행한 큰 이유는 젊은 대학선생으로서 장점을 찾다가 글로 배운 지식이 아닌 경험을 전달해야겠다는 생각이 들었던 덕분이다. '남들이 그러는데 여행을 해보면 좋다더라'가 아닌 '내가 여행을 해보니 좋더라, 가봐' 이 한마디를 하기 위해서 세상 겁쟁이인 내가 난이도 갑인 나라인 줄도 모르고 일생의 거사를 치루게 된 것이다. 이쯤 되어서 생각해보니 인간은 뭔가 일을 벌일 때에는 동기부여와 자기설득에 빌미가 필요하다는 사실.

여성들은 관광객을 태운 배가 떠 있어서인지 최대한 잘 안 보이게 정화의식을 치루고 있다

그 당시 얼떨결에 대학선생이 안 되었더라면 나는 언감생심 여행자유화 1세대는 꿈도 꾸지 못했을 것이다. 내가 대학 1학년 때 연세 지긋하신 교과서에 나오던 대가에게 교양국어를 배우지 않았더라면 삼십대 선생에게 교양국어 듣는 학생들에 대한 고민도 없었을 터이다.

힌두대학교가 얼마나 넓던지 정문 앞에서 내린 릭샤를 후회하며 걸어가다 보니 어두워져 버렸다. 그곳 저물녘 캠퍼스 안에서 만난 대학생들과 함께 찍은 이 한 장의 사진이 그 분위기를 증명하고 있다. 이들은 지금 모두 무엇을 하고 있을까. 네팔의 석가족 청년들을 사진 한 장으로 다시 만난 것처럼 이 사진을 들고 가서 문득 찾아보고 싶어진다. 이제 우리는 아껴 두고만 싶던 대망의 4대 성지 열반지인 쿠시나가라로 떠날 차례이다.

힌두대학교 학생들과

1990년 경건함이 느껴지는 강가 가트의 기도하는 인도인

1990년 바라나시 강가의 일출

쿠시나가라,
그 열반의 땅에서 일어난 불교와의 인연

● 지금은 불교 4대 성지로 관광객이 끊이지 않지만 1990년 1월 저녁 6시나 7시 정도에 도착한 쿠시나가라는 가로등 하나 없이 칠흑같이 깜깜하였다.

어찌어찌 찾아간 '버마 절', 지금은 당연히 '미얀마 절'이라 불리고 있다. 뽕나무 밭이 변해 바다가 되는 상전벽해는 이렇게 나라 이름이 바뀌는 것에서도 확인할 수 있다.

1948년 영국에서 독립해 버마가 된 이 나라는 1980년대 전두환정권 시절 아웅산 테러 폭발사고로 한국 내각의 수장들이 비극을 맞이한 것으로 악명이 높아졌다. 그래서 '미얀마'로 바꿨다는 설이 있을 정도로 우리나라와도 연관이 깊다.

어쨌든 인자하고 풍채좋은 스님 덕분에 우리는 그나마 안락한 방을 배정받았는데 누웠다가 천장에 눈길이 가자마자 혼비백산! 도마뱀이 곧 나에게로 떨어질 듯이 붙어있는 것이 아닌가. 허둥지둥 스님을 불렀더니 해충을 잡아먹는 이로운 동물이니 걱정말라며 절대 떨어지지 않는다고… 그래도 처음엔 어찌나 찜찜하던지 잠을 이루지 못했다.

훗날 남인도를 여행할 때 자세히 보니 아예 벽과 천장 사이에 도마뱀 다니는 틈을 집지을 때 만들어 두고 있었다. 생활의 지혜에 감탄. 이제 생각해 보니 도마뱀 있는 곳에선 모기에 시달리지 않았던 것 같다.

쿠시나가라는 작은 마을이지만 여러 나라의 절들이 있었는데 여행자들에게 숙소를 제공해주고 얼마간의 비용을 받았다. 당시 가는 곳마다 느낀 것이지만 그 많은 각국의 절 중에서 한국 절만 찾아볼 수 없는 안타까움이라니. 이 또한 현재 인도에서는 격세지감일 터. 인도에 한국 절이 많이 생겼다면 나의 절실한 염원도 한 몫 했을 것이라 감히 말할 수 있다. 이제 쿠시나가라에는 '대한사'라는 한국 절이 있다.

쿠시나가라 대한사

버마 절과 템플스테이

1990년대만 해도 버마는 경제성장율 10%에 육박하던 시절이라 그랬는
지 어느 곳을 가도 버마 절을 볼 수 있었다. 쿠시나가라에 있던 일본, 중
국, 태국 등의 큰 절과 비교해도 규모 면에서 뒤지지 않았던 같다.

거의 찾아오는 사람들이 성지순례자들이어서 그랬을 테지만 템플스테이
를 겸하는 경영방식이었는지 절의 입구에는 'Burmese Buddhist Tem-
ple & Rest house'라고 명시되어 있다. 절 입구에는 '룽기'라는 남자가 입
는 긴 치마같은 것을 입은 사람들이 노점상을 차리고 있었다.

인도사람들의 전통복식은 우리에게 참 시사하는 바가 크다. 우리로 치면
결혼한 여자는 치마저고리에 해당되는 '사리'를 입고 결혼 전까지는 '쿠르
따'라 불리는 원피스와 바지 세트를 주로 입는다. 남자들은 긴 천을 둘둘
말아 바지대신 입는다.

1989년에 이어 1997년 내가 두 번째로 남인도 여행을 떠났을 때는 서강
대에서 인도학을 가르치던 인도인 조지신부님의 초대였는데, 신부님도 집
에서는 룽기를 입고 계셨다.

발리우드라 불리는 인도영화를 보면 늘 알록달록한 인도여인들의 사리
부대가 군무를 추며 인도 특유의 노래를 한다. 2020년도에 갔을 때는 정
말 사리나 쿠르따를 입은 여성들이 많이 줄었다. 우리 한복도 세계적으로
아름답지만 평상시에 입지 않는 우리로서는 참으로 부러운 장면이었는데
인도의 변화에 격세지감이다. 우리는 한때 궁궐 근처에 가면 한복부대를
볼 수 있지만 그것이 모두 외국인 관광객이었는데 코로나 19라는 시절에
그마저도 사라져가고 있다.

버마 절에서 만난 꼬마학생들

아침에 일어나니 절 마당에 어린 학생들이 가득하였다. 예의 푸근한 인상의 스님도 선생님이었는데 교장선생님쯤 되어 보였다. 그런데 왜 마당에서 공부를 하는 것일까. 알고 보니 교실은 햇볕이 안 들어 일교차가 심한 인도에서 겨울인 1월에는 차라리 밖이 따뜻한 것이었다. 네팔 카트만두에서도 사람들이 아침에 일어나 옥상이나 지붕 위에서 해바라기를 하던 생각이 떠올랐다. 영상 십 몇 도에도 동사하는 사람들이 속출하여 인도에는 그것을 찾아내는 직업이 있다고 들었을 지경이니… 사람들은 추우면 어딘가 추위를 막는 곳으로 들어가 결국 거기서 죽기 때문에 그런 직업이 생겼다는 것이다.

어린 학생들은 어디나 그렇듯 명랑 쾌활했고 에너지가 넘쳤다. 작은 칠판에 몽당분필로 또박또박 선생님 말씀을 따라 쓰고 그리는 그 자세가 사뭇 진지하기만 하다. 그 중에 마젠타 분홍색 옷을 입은 꼬마소녀가 눈에 들어왔다. 입 꼭 다물고 힘주어 쓰는 그 장면이 오래도록 인상깊게 남아 있던 어린이. 남루가 무색하게 그 안에서 빛이 나던 한 소녀. 지금쯤 무엇을 하고 있을까. 훌륭한 사람이 되어 있을 것을 믿어 의심치 않는다. 너른 절 마당에서 여기저기 둥글게 둘러앉아 선생님께 열심히 배우던 소년소녀들이 있어 지금 인도의 미래가 밝은지도 모른다.

1990년 나무그늘 아래마다 수업 중인 학생들

1990년 버마 절 주지스님은 절 안의 학교 선생님도 겸하신다

2020년의 열반당

2020년의 열반상과 가사

쿠시나가라, 부처님 입멸하신 그곳

드디어 불교 성지 대망의 종착지, 석가모니부처님이 열반에 드신 곳으로 아침 일찍 산책을 나갔다. 태어나신 곳도 그러했지만 그곳은 너무나 소박하고 조촐하다 못해 초라해보일 지경이었다. 단지 열반당이 조그맣게 서 있었다. 들어가니 오른 어깨를 아래로 하고 모로 누운 입멸상이 덩그라니 가득찬 모습. 지금은 각국의 가사로 열반상을 덮는 의식을 하는 모양이지만 그저 주황색 가사를 덮고 계신 불상을 한 바퀴 참배하고 나니 더 이상 할 일이 없었다. 밖으로 나오니 사라나무 두 그루가 간격을 두고 서있었다. 그 두 나무 사이에서 '쌍림열반雙林涅槃'했다는 상징이리라.

나는 그 앞에 앉아 좌선도 해보고 거닐어도 보며 소일하다가 사라나무 잎사귀 하나를 조심스레 책갈피에 끼웠다. 부다가야의 보리수 나무 아래서도 소중히 아주 작은 잎새 하나를 챙겼는데 여전히 앨범의 첫 장을 장식하고 있다. 부숴지지도 않고 고스란히… 역시 가피일터.

달라이 라마 제자 툽텐스님과 청전스님과의 시절인연

이제 나의 불연에 대하여 이야기해야겠다. 쿠시나가라에서 오전 한 나절 사라나무 아래를 소요하고 나니 더 이상 할 일이 없어진 우리. 이제 다 봤으니 델리로 가자고 짐을 싸서 버스터미널로 걸어가고 있는데 어떤 스님이 자전거를 타고 지나가다가 우리에게 인사를 한다. 어디 가느냐고 하길래 어제 저녁에 왔는데 열반당을 다 봐서 델리로 간다고 대답했더니 안타까워 하신다. 그렇게 어렵게 멀리 와서 한 나절이 뭐냐고… "그럼 뭐가

2020년 이제 곧 자연사
할 것 같은 사라쌍수

있는데요?" 우리가 누군가. 무식이 철철 흘러넘치는 가짜 '아마추어 부디
스트' 아니던가. 아는 것도 없으니 궁금할 것도 없었다. 요즘 말로 도장
찍기가 목표였던 것이다. 오직 하루만에 뭐든지 완전정복하겠다는 자세
로 겉핥기 전공인 천하의 불교 무식자들. 스님은 그렇게 인사하며 자전거
를 타고 떠났다.

한참을 걸어 터미널에 도착하니 그 티벳스님이 먼저 와 계셨다. 우리를 위
해 먼저 와서 식당에 자리를 잡고 만두같은 사모사며 도싸같은 걸 사주
신다. 갑작스러운 친절로 우리를 무장해제 시킨 스님은 본론을 꺼내셨
다. 법명은 툽텐이고 달라이 라마의 상좌라고 소개하셨다. 아직 노벨 평
화상을 받기 전인 달라이 라마존자께서는 그다지 바쁘지 않으셨는지 우
리를 만나줄 거라고 하셨다. 게다가 마침 한국 스님 한 분이 오셔서 새벽
부터 눈만 뜨면 티벳말 배운다고 동네를 온통 떠들썩하게 돌아다니고 있
으니 꼭 와서 만나라는 것이다. 우리는 그렇게 하겠다 약속하였다. 그리
고 그곳 식당에서 John이라는 미국불자 청년도 만나 합석을 하였다. 미
국사람인데 불자라고? 그것도 신기한데 이렇게 불교성지 순례를 하고 있
다는 것이 놀라움을 넘어 문화충격이었다.

드디어 델리로 가는 버스를 탈 시간, 스님의 활약은 여기서 빛을 발한다.
좌석제는 있으나마나 무색하기만 한 전쟁통 아수라장 버스에 앞장서 올
라가시더니 건장한 청년 둘을 좌석에서 일으켜 세운 뒤 우리에게 앉으라
신다. 그곳에서 스님은 높은 신분인지 순순히 고분고분 자리를 양보하는

청년들…

이 한 장의 사진이 그 시절 증명법사이다. 그리운 툽텐스님, 우리는 돌아와서도 꽤 오랫동안 편지와 작은 선물들을 주고받았다.

세 번째 2007년 인도 여정지 다람살라에 가서 뵈려고 했더니 티벳 임시정부의 재무장관이 되셔서 여러 나라를 다니시느라 만날 수가 없었다. 우리가 그 시절 과연 달라이 라마를 만나러 갔을까. 그 한국스님은 누구일까. 이렇게 나는 자신도 모르게 불교에 시나브로 젖어들고 있었다. 불교문외한, 불교무식자, 비종교인이었던 서른의 여행자는 그렇게 조금씩 불자화 되어가고 있었던 것이다.

1990년 당시 달라이 라마 상좌 툽텐스님과 미국 불자 존과 함께

달라이라마의 다람살라,
제2의 인생이 시작되다

1차 1990년 다람살라행 무산 스토리

쿠시나가라에서 만났던 달라이 라마 상좌 툽텐스님의 초대로 우리는
1950년 인도 공화국 헌법기념일인 관계로 지금껏 날짜를 기억하는 1990
년 1월 26일 다람살라행 버스표를 예약해 두고 있었다. 그런데 마침 네팔
의 석가족 친구인 라빈드라 샤카와 아쇼크 샤카가 출장을 와서 그 전날
밤 우리가 묵는 게스트하우스에서 다시 만나게 된 것이다. 그럼에도 불
구하고 우리는 아쉽지만 예정대로 다람살라로 가기로 했는데 지금 생각
해도 황당한 해프닝을 겪고 불발되었다.

밤늦게 숙소에서 우연히 해후하게 된 우리는 큰 소리로 반가움을 표시했
는데 웬 동양인이 나타나 'Be quiet!' 명령조로 말하며 우리를 아주 한심
한 인간으로 취급하는 것이었다. 일단 미안하다고 하며 단지 반가워 크
게 인사한 게 그렇게 비난받을 일인가 물었더니, 여행 중 처음 만난 한국
인이었던 그 남자가 전후좌우 우리에 관한 소문을 전해 주었는데 그 말
을 들은 순간 우리는 너무 황당해 말을 잇지 못했다.

그 뉴델리게스트 하우스를 베이스 캠프로 삼은 우리는 여러 나라 여행자와 또 다른 인도청년도 만나 인사를 나누었는데 인도 청년은 사리를 유럽에 수출하는 친구였다. 우리에게 인도 실크 스카프를 선물하기도 하고 젠틀해서 유쾌하게 담소를 나누며 친해졌다. 그런데 게스트하우스 사장이 우리를 거의 방종한 동양 여자로 소문을 내고 다녔다는 것이다.

활발한 성격의 내 친구는 먼저 말을 걸고 쾌활하게 행동했기 때문에 그 사장을 가만두지 않겠다고 다람살라행을 취소해버렸던 것이다. 일부러였는지 사장의 변명대로 국경일 기념식때문에 차가 안 다녀서였는지 그는 오후 늦게나 도착을 했고 그 유언비어를 믿고 우리에게 무례하게 굴었던 한국남자는 우리가 나름 대학과 중학교의 선생인 것을 듣고는 게스트하우스 사장과 주먹다짐까지 벌이게 되었다.

지금 생각하면 너무 어처구니가 없기도 하고 화를 낼 값어치조차 없지만 한편 정말 위험한 순간이었다. 몇 년후 인도여행 붐이 일었을 때 실종되거나 흉흉한 사건 사고가 많았는데 젊은 여성이 한 두명이 여행하기는 늘 위험이 도사리고 있다는 사실을 잊어서는 안 될 것이다.

나는 솔직히 다람살라행이 무산되어 아까웠지만 네팔 친구들을 다시 만나 반가움과 고마움을 표시할 수 있어서 한편 좋았다. 그때는 거기까지가 시절인연! 그렇지만 그 후 달라이 라마께서 노벨 평화상을 받고부터 독대할 기회를 놓친 것은 두고두고 아쉬운 일이다.

청전스님과의 인연

스님을 알게 된 것은 1990년도 인도에서 돌아온 후부터였다. 그렇게 툽텐스님과 약속을 지키지 못한 우리는 청전스님께 그날의 사정을 설명하고 작은 선물을 전해줄 것을 부탁하는 편지를 썼다.

나의 이름인 '정진원'의 편지를 받은 스님은 '아! 정진하는 선원'에서 보낸 편지와 소포인가 보다라고 생각하셨다 한다. 한번도 '정진+원'으로 생각하지 못하고 살았던 나는 그때부터 스스로를 '정진하는 법당'으로 가끔 생각하게 되었다.

그렇게 편지를 주고받다가 91년도쯤 서울 법련사에서 잠시 귀국한 스님을 뵙게 되었다. 벌써 30년이 된 일이다. 이것이 스님과 첫 번째 인연이다.

송광사 스님이셨던 현음스님과 돈연스님과도 사형사제로 관계가 돈독해 송광사 인도통 세 스님은 오랫동안 나의 불교 입문 스승들이 되어 주셨다. 44세 젊은 나이에 입적하신 현음스님과 환속했지만 여전히 인생의 스승인 돈연 스님… 문득 그립다.

청전스님과의 두 번째 인연

세월이 흘러 내가 결혼을 하고 터키로 한국학교수를 하러 떠나고 하는 사이 스님은 그동안 '부중불감'의 몸매를 유지하시며 '달라이 라마와 함께 한 20년'이라는 베스트셀러 저자가 되셨다.

티벳불교에서는 스승과 일정 거리에 있으면서 가르침을 전수받고 검증받는다고 한다. 스님은 그렇게 꼭 30년을 채우고 2020년 스승을 떠나도 좋

1990년대 달라이 라마와 함께 계신 젊은 청전스님

청전스님 전생의 아버지였다는 티벳스님과 함께

다는 허락을 받고 귀국하셨다.

2006년 12월 그 책에 대하여 동국대에서 특강을 하신다는 스님의 강연 포스터를 보고 화들짝 놀라 그제서야 송광사와 길상사를 수소문해 연락을 드렸다. 드디어 만나기로 하고 스님의 강연을 듣고 끝나기 5분 전쯤, 몇 달동안 시름시름해 종합검진 받은 병원에서 전화가 걸려왔다. '지금 좀 오셔야겠습니다.' '곤란한데요, 내일이나 다음에 가겠습니다.'

'안 됩니다. 지금 오셔야합니다'

뭔가 심상치 않아 갈 수밖에 없었다.

가서 들은 한 마디, '희귀암에 당첨되셨습니다'

정말 그런 뉘앙스로 들렸다. 드라마나 영화처럼 침통하게 가족을 모셔오라는 말 한 마디없이 환자 면전에 대고, 의사는 자기가 이상하다고 하지 않았냐며 자기 추측이 맞다고 기쁨을 감추지 않았다. 자칭 명의라 몇 달 밀린 환자를 제치고 특별히 나에게 당장 입원해 내일 당장 '광범위 적출' 수술을 해주겠다고 하였다.

그때의 황당함이라니… 나의 인생이나 기분, 감정따위는 털끝만치의 배려도 없었다. 그러나 그 순간 내가 느낀 한 가지만은 분명했다. 너같은 의사에게는 절대 수술받지 않을 거야.

그렇게 그날 스님과의 만남은 불발되었다. 다시 전화로 짧게 상황을 말씀드리고 길상사에서 만나게 되었다. 이제부터 운명적인 인생의 전환이 시작된다.

인도 다람살라 닥터

스님은 인도에서 스님의 직업이 'Doctor'라고 설명하셨다. 달라이 라마 곁에서 수행하며 어느 땐가부터 신기한 능력이 생겼는데 아픈 사람들이 찾아오면 스님은 인도북부 히말라야 기슭 척박한 지역의 특수성으로 영양실조가 대부분이라 '삐콤'이라는 영양제를 주셨다고 한다. 거의 만병통치가 된 덕분인지 환자들이 나중에는 스님 옆에만 있어도 낫는 일이 생겼다는 것이다.

그때부터 청전스님의 고민이 시작되었으니, 아니 구도와 수행을 하고자 멀리 인도 다람살라까지 찾아왔는데 무슨 성자의 기적이 일어나니 어떻게 하면 좋을 것인가. 결국 달라이 라마께 그런 능력을 말씀드리니 '조용히 치료해 주어라' 하셨다고 한다.

나는 그 말을 들은 순간 앞뒤 재지 않고 다람살라행을 결정하였다. 티벳은 약초 연구가 잘 돼 있어 대체의학도 훌륭한데다 히말라야 설산의 정기, 달라이 라마라는 이 시대의 큰 산이 있는 곳에 의탁해야겠다는 생각이 들었다.

게다가 직업이 '스님'이 아니라 '닥터'로 등재된 청전스님이 오라고 하지 않는가. 당시 초등학교 5학년이 된 딸과 동네 주치의 여의사 선생님, 그렇게 우리는 한 달 동안 다람살라로 떠났다. 스님과 인연이 시작된지 17년 만이었다.

절보살이라 불리는 티벳 롭상 왕둬 노스님과 한국 비구니스님들과 함께 한 나

왼쪽부터 나의 딸과 나, 티벳 노스님들과 한국 비구니스님들이 한 가족처럼 지냈다

드디어 실현된 다람살라행

그곳에서 공부하러 오신 두 한국 비구니스님과 아침에는 달라이 라마가 계신 촐라캉사원과 그 옆에 있는 절 남걀사원을 한 바퀴 도는 '꼬라' 성지 순례를 하고 108배를 하였다. 처음부터 108배를 한 것은 아니었다. 체력 도 쇠잔하고 시한부 선고를 받은 상황이라 딸과 마지막일 수도 있다는 생각으로 온 그곳에서 선재동자인 딸이 먼저 108배를 하겠다고 나선 것이다. 역시 선재동자!

물론 딸의 기도 목적은 아이답게 강아지를 키우게 해달라는 것이었다. 스님들과 동행은 이구동성으로 아이가 저렇게까지 하는데 강아지를 사주라고 합세했고 결국 돌아와 강아지를 키우게 되었다.

어쨌든 딸이 하는 108배를 나라고 안 할 수는 없어 한 동안 우리 모녀는 그 동네에서 꽤 유명해지게 되었다. 어느 날 모르는 외국인 여성이 다가 와 너희가 혹시 아침마다 오체투지 티벳 절하는 모녀냐고 반가워하였다. 너희가 요즘 아주 유명하다는 것이다. 사실 108배하기가 쉽지만은 않다. 게다가 티벳절은 절판과 양 손과 이마에 대는 수건이 필요하다. 절판은 그곳에 있는 것을 쓰면 되고 수건도 절이 끝난 사람들 것을 쓰면 되지만 각자 준비해 다니는 것이 상례이다.

우리는 그렇게 히말라야 산맥이 멀리 바라보이는 다람살라에서 청전스님 이 전생의 부모님이셨다고 하는 티벳노스님들과도 친하게 지내고 석양의 낙조도 바라보며 티벳사람 반 외국인 반인 티벳 망명정부에서 근심 걱정 없이 소요하였다.

그러던 어느날 절보살이라 불리는 롭상 왕뒤 노스님을 만났는데 마침 나는 불자인 지인에게 그 스님께서 150만배를 할 때까지 쓰시던 염주를 받은 터라 정말 부처님의 가피를 믿게 되는 경험도 하였다. 그리고 청전스님을 보필하던 티벳인 뻬마스님의 고향 출링으로 성지순례를 떠나게 되었다.

처음이지만 고향같던 그곳의 풍광과 신실한 불자들, 그리고 보살 십지 중 이구지에 드셨다는 성자스님도 뵙게 되는데 나는 이렇게나 많은 분들의 도움으로 건강해 질 운명이었다.

설산을 배경으로 한 나. 이때부터 건강해져 제2의 인생이 시작되었다

히말라야 다람살라의 상서로운 낙조

히말라야 설산 풍경

북인도 다람살라와
　　시크교 도시 암리차르

인도 다람살라에서 보내는 편지

천국과 닮은 곳에서 떠나려 해.

서울에 가서도 한동안 이렇게 살 수 있을까?

새 울면 잠 깨고 비 오면 무지개 서고 깜깜해지면 눈이 절로 감기는 생활,

그치만 천국은 조금 단조롭더군.

새벽 다섯 시쯤 되면 새소리에 절로 잠이 깨곤 해.

여섯 시 좀 넘어 쭐라캉 달라이라마 거처를 순례하는 '코라'라는 것을 하지.

그저 오솔길을 걷다가 마니차라는 경통이 나오면 시계방향으로 돌리면서

30분, 그 사원 울타리를 걷는 거야.

그리고 쭐라캉 옆 남걀사원에 가서 티벳식 전체투지 절을 하지.

이제 1080배는 진작에 넘었을거야.

보통 아침저녁으로 108배를 두 번 하거나 한 번 하는데

처음엔 그보다 더 많이 했거든,

그래서인지 독대한 것은 아니지만

늘 달라이라마와 함께 하고 있다는 기분이 들어.

그를 우연찮은 기회로 두 번이나 직접 볼 수 있었던 것도

나는 나름 의미를 부여해.

달라이라마는 내가 도착했을 때 미국에 가 계신 일정이었어.

그런데 웬일인지 가다 돌아와 내가 있는 내내 그도 자기 사원에 있는 거야.

테러 첩보 소문도 이유 중 하나인데 그제 다시 미국으로 떠나셨지.

꿈에서도 한번 만났어. 출링 설산 여행 중에…

난 그동안 속으로 이게 뭐야 투덜대고 있었지.

청전스님이 오라고 했을 때는

뭔가 만날 기회나 이런 일이 있을 줄 알았는데…

누가 설산여행하고 싶어 왔나 하는 생각이 있었어.

그런데 달라이라마께서 꿈에 생시처럼 내가 자는 방에 와서

'마니 릴부' 먹는 것 잘하고 있다고 계속 잘 먹으라고 하는거야.

단지 그 메시지만 전한 꿈인데 꿈같지 않았어.

그 이야기를 하니 청전스님은 가피를 입었다고 하고

다른 비구니스님은 눈물까지 흘리는 거야.

그리고 설산 여행에서 돌아오면 일정상 안 계신다더니 계신 데다가

갑자기 힌두교도들이 베푸는 만수무강 법회에 나타나셨지.

난 또 그것을 마치 내 병이 낫고 내 명을 기원하는 메시지로 들었어.

어제는 별도 총총하더라. 출링이라는 라닥사람들 사는 곳만은 못해도…

그리고 여기서 청전스님 책을 많이 읽었어. 달라이라마 책, 신영복의 강의,

특히 강의와 오래된 미래가 좋았어. 너도 안 읽었으면 한 번 읽어봐.

몸에 병없기를 바라지 말라는『보왕삼매론』

때는 2007년 봄. 나는 병이 났었다. 그전에 한 2년 시름시름 아팠고, 엄마가 돌아가셨으며 뒤늦게 시작한 불교공부에 과부하가 걸린 줄도 모르고 3년 동안 몰두하였다. 지금 생각하면 병을 키우고 있었던 거다. 그렇게 휴양 차 치유 차 떠나온 북인도 히말라야 기슭 다람살라, 달라이라마 계신 그곳에서 한국 비구 청전스님의 초대로 한 달쯤 지낸 봄날,

사실 나는 그때 난생처음 느끼는 막막함이 온 몸에 엄습하였다. 그곳은 내 생이 앞으로 얼마나 남았는지 언제 죽을지 모르는 절박한 시간에야 갈 수 있는 곳이기도 하였다. 설마 사십대에 생을 마감할 수 있으리라곤 꿈에도 생각해 본 적이 없었다.

편지는 다람살라에서 친구에게 보낸 것으로 어느 정도 담담해지고 나을 것이라는 희망이 생겨 돌아가는 즈음에 쓴 것이다.

초등학생 딸과 함께 마지막이 될 지도 모른다는 생각으로 간 그곳에서 나는 여전히 아침에 눈뜨고 저녁에 죽은 듯이 잠들었으며 그곳 척박한 곳에서도 새 울고 꽃이 피는 '나의 살던 고향'이 펼쳐지고 있었다.

어렴풋이 인생도 또한 이와 같지 않을까. 일상을 보내듯 어느 순간 죽음이 일상으로 찾아오면 밥먹고 물마시고 하는 것처럼 대할 수 있으리란 생각을 하였던 것 같다.

그런 중에 가피처럼 달라이라마를 직접 두 번 뵙게 되고 꿈속에서 만난 일로 충분히 병에 지지 않으리라는 것, 최소한 살아있는 동안 내 병과 사이좋게 잘 지내 적으로 만들지 않으리라는 것을 알았던 것 같다. 그곳에 계신 한국 스님들의 정성어린 기도와 보살핌, 달라이라마가 매년 새로 직접

만드신다는 명약 '마니 릴부'를 얻어 복용하며 성지순례와 티벳 절을 통해 마음이 먼저 치유되기 시작하였다.

그후 제법 아픈 사람의 마음을 헤아리게 되었으며 '건전한 신체에 건전한 정신을' 실천하며 살게 되었다. 일회용이나 인스턴트를 가급적 멀리하고 산행을 시작했으며 운동이 일과에 주요 필수사항이 되었다. 108배를 돌아와서는 300배로 늘려 꼬박하고 춤을 운동삼아 하다가 수영으로 바꾼 지 어언 10년이 되어 간다. 일상을 '몸 튼튼'에 맞추니 좋은 일이 많아졌다. 그후 불가능해 보이던 유럽대학의 교수가 되고 삼국유사로 박사논문을 쓰고 마음고생 심했던 딸도 외국에 가서 씩씩하게 공부하고 있다. 이 모두가 내가 만난 부처님들의 가피임을 믿는다.

출링마을 어귀에 새겨진 옴마니반메훔 돌들

인도에서 만난 부처님들

세 번째 만난 인도가 나를 치유해 주었다. 근 20년 만에 다시 만난 청전 스님, 동네 주치의로 만난 김지영선생님 그리고 딸 선재, 인도 암리차르에서 만난 뻬마스님들이 그 주인공들이다. 우리 말로 연꽃인 뻬마스님은 우리를 그곳으로 마중나오고 지금도 구글지도 검색에서 쉽사리 찾아지지 않는 오지 출링 고향집으로 초대하였다. 그곳에서 일어난 이야기들을 서리서리 풀어보려 한다.

그 시작은 서울에서 떠나 도착한 암리차르이다. 암리차르는 파키스탄 라호르 옆 도시였는데 부처의 고행상으로 유명한 라호르박물관이 엎어지면 코닿을 데였다. 진작 알았으면 시크교 사원인 골든 템플보다 그곳을 먼저 갔을텐데 말이다.

암리차르는 '골든 템플'로 유명하다. 그야말로 황금사원이다. 모든 방문자에게 음식공양을 정성껏 하는데 감명받았다. 시크교 사원으로 힌두와 이슬람을 합한 성격의 종교라 이렇게 머리에 보자기를 써야 한다. 두 티벳 스님은 우리를 마중하고 다람살라로 가는 길에 이 곳을 구경시켜 주었다. 그저 마음씨 좋은 우리나라 아저씨같이 생긴 티벳 사람들. 뻬마스님은 이번 북인도 설산여행의 알파와 오메가이다. 처음부터 끝까지 에스코트는 물론 운전과 스님의 가족까지 만나는 여정을 함께 한다.

시크교의 본산 암리차르와 터번 쓴 아저씨들

이 기회에 시크교를 알아보고 넘어가자. 15세기 후부터 18세기 초에 걸쳐 인도의 펀자브 지방에서 발전한 종교이다. '시크'라는 용어는 산스크리트어로 '교육' 또는 '학습'이라는 뜻의 시스야sisya, '가르침'이라는 식사 siksa에서 유래했다는 두 가지 설이 있다. 모든 사람 안에 자리하고 있는 하나뿐인 신의 메시지, 신의 창조물과 영원한 진리를 전파하기 위해 구루 나낙에게서 부터 시작되었다.

구루 나낙은 신을 보려면 '마음 속의 눈,' 혹은 사람의 '가슴'으로 봐야한다고 강조했다. 그의 고향이 라호르이다. 신자 수는 2500만 명에 이르고 세계에서 다섯 번째로 큰 종교라고 한다. 여담이지만 이들은 이재에 밝아 인도의 부자는 거의 다 시크교도라는 말도 있다. 색색깔의 터번을 써서 금방 알아 볼 수 있다. 나의 일행은 이들이 신기했는데 그들에게는 동양인인 우리가 신기했는지 자꾸 말을 걸고 사진을 찍고 싶어 하였다. 처음에 한 두 명이 다가오더니 나중에는 단체 사진을 찍게 되는 곳이 바로 인도이다.

다음에는 출링으로 가는 길에 만나는 파드마 삼바바의 동굴과 발자국, 그리고 초지를 넘어 이구지의 성인을 만난 이야기, 히말라야 설산과 오지 중의 오지 빼마스님의 고향 출링 이야기가 기다리고 있다.

골든템플 앞에서 포즈를 취한 우리의 호프 뻬마스님과 동행한 티벳 스님

시크교도들의 마을 암리차르에서 하나 둘 모여든 동네 아저씨들과

북인도 히말라야 설산
출링으로 가는 길

● 봄이 늦게 찾아오는 북인도에도 5월쯤이나 봄
이 흐드러질게다. '나의 살던 고향'의 무대가 북인도인가 싶을 만큼 히말
라야 산기슭의 봄은 정다웠다. 어쩌면 전생의 고향일까, 아니면 우리 유
전자 속에 인도의 피가 흐르는 것일까. 나와 함께 간 동행자들은 하나같
이 인도를 좋아하고 그리워하였다.
지금도 구글 지도에서 찾기 어려운 빼마스님의 고향 '출링'으로 가는 길에
만난 인연들과 추억의 사진첩에서 회동하려 한다.

파드마 삼바바의 발자국 동굴
파드마 삼바바, 그는 8세기경의 인도밀교의 수행자로 신비에 싸인 인물이
다. 출링가는 길 여기저기 곳곳에 그의 자취와 전설을 만날 수 있었다. 생
몰연대는 당연히 미상이고 인도의 탄트라 불교를 처음으로 티벳에 전한
인물로 그야말로 레전드 그 자체이다.
당시 티벳의 치쏭데짼 왕은 파드마 삼바바가 오자, 위대한 스승이 온 것

설산에도 봄은 오고…

파드마 삼바바가 수행했던 동굴과 그 안의 천정에 찍힌 발자국

출링가는 길 나의 살던 고향에 핀 살구꽃

이 너무 기뻐 라싸 근교까지 마중을 나가 많은 금을 바치며 가르침을 구했다고 한다. 그때 파드마 삼바바는 금을 모래로 만들고는 "나는 금을 찾으러 온 것이 아니다."라고 말한 후 모래를 다시 금으로 만들었다고 한다.

이것은 마치 백제의 서동이 금과 돌도 구분 못하던 차에 선화공주를 만나 장인인 신라 진평왕에게 환심을 사서 무왕이 된 일화를 연상시킨다. 진리도 황금도 그 진가를 알려주는 이가 나타나기 전에는 모르는 자에겐 그저 말이요 돌일 뿐인 것을…

파드마 삼바바는 라마교를 창시하고 모든 신은 불타 보살의 화신이라고 설교하여 크게 환영을 받고 제자를 양성한 후 티벳을 떠났다고 한다. 우리에게는 『티벳 사자의 서』의 저자로 많이 알려져 있다.
우리는 그가 수행을 하고 동굴 천정에 발자국을 남긴 곳을 가게 되었다. 티벳의 상징인 경전 글귀들이 만국기처럼 날리는 그곳에 티벳스님들은 여전히 수행을 하고 있다가 우리를 반갑게 맞이해 주었다.

나의 살던 고향에서 수줍어 하던 마을 사람들

그 꽃피고 새 울던 북인도 마을에는 내가 어렸을 때인 1960년대 전후의 문명과 살림살이가 고스란히 남아있었다. 특히 사진을 찍으면 부끄러워 어쩔 줄 몰라 하면서도 속으로 좋아하던 수줍은 아저씨가 인상적이었다.

특히 그 지역에서는 베이지색 모직바탕에 초록과 붉은 테두리로 꾸민 독특한 모자를 남자, 여자할 것 없이 쓰고 있었는데 그들 부족의 정체성을 나타내는 상징이었던 모양이다. 나도 그 모자를 하나 사가지고 왔는데 차마 쓰고 다닐 수는 없어 잘 모셔두고 있다. 그리고 추운 마을이라 그런지 할머니들은 털실로 뜬 모자들을 쓰고 예의 손님을 향한 마음씨 좋은 표정으로 웃으며 반겨주셨다.

출링가는 길에 만난 '이구지'의 라마 고오빈다 보살님

파드마 삼바바가 활동하던 신성한 기운이 서린 곳이어서인지 그곳에는 살아계신 보살로 추앙받고 있는 분도 계셨다. 그것도 초지보살이라는 원효스님보다도 한 단계 위인 제2지 이구지離垢地보살님이라고 한다. 솔직히 나와 함께 간 일행은 이 분이 그렇게 대단한 분인 줄 모르고 그저 눈빛이 자애롭지만 형형한 무슨 만신같은 주술사쯤으로 알았다.

나중에 청전스님께서 우리에게 보는 눈이 없는 것에 실망하셨다면서 소상히 알려주셨다. 우리는 뒤늦게 후회했지만 '그렇다면 미리 좀 알려주시지' 하는 마음도 없지 않았다. 어쨌든 병이 난 나에게 정성껏 축원과 기도를 해주시면서 오색실과 부적같은 것을 주셨다. 그러니 더욱 그렇게 생각할 밖에…

속세의 번뇌를 모두 여읜 이구지 보살님 덕분에 나는 14년이 지난 2021년 건강해져 이 글을 쓰고 있다는 생각을 한다. 이 글을 쓰고 한참 뒤인 얼마전에 청전스님께서 라마 고오빈다 보살님을 다시 만나셨는데 나와

2007년의 라마 고오빈다

2018년의 라마 고오빈다

우리가 도착한 출링마을의 설산. 밤에는 주먹만한 별이 낮게 낮게 뜬다

출링으로 가는 길의 전경과 마을

딸의 안부를 물으셨다고 한다. 스님도 깜짝 놀랐다고 한다. 그렇게 많은 불자들이 찾는데 10년 지난 동양 불자를 기억하고 있다니… 다시 한 번 삼배의 예로써 절을 드린다.

산 넘고 물 건너 절벽길 굽이굽이 출링에 도착하다

드디어 산 넘고 물 건너 굽이굽이 천애 절벽을 몇 박 며칠 걸려 출링에 도착하였다. 우리는 두 대의 지프같은 4륜구동차로 움직였는데 하루에 한 번씩 차가 고장나거나 도로에 산사태가 나서 복구될 때까지 기다려야 하는 일이 비일비재하였다.

한번은 우리 차의 인도인 운전기사가 자꾸 산 옆으로 떨어지는 잔 모래들을 유심히 살피며 운전을 하였다. 나는 옆에 앉아 앞을 안 보고 자주 곁눈질하는 기사가 불안해 왜 자꾸 떨어지는 모래를 쳐다보느냐고 하니, 잔 모래 다음에는 바위가 떨어진다는 말을 태연스레 하는 것이었다. 뭐라고! 정말 죽을 뻔한 고비가 많았다. 이제 무사히 살아남아 하는 말이지만…

출링에는 대모가 산다

그렇게 목숨 걸고 도착한 출링. 그곳에는 체구는 작지만 우리의 지리산 노고단에 살 것 같은 대장 할머니가 살고 계셨다. 그곳은 말로만 듣던 일처다부제의 마을. 형제들의 부인이 한 사람인 것을 내가 직접 목격하고 들었을 때의 충격은 컸다. 사진에서 예의 초록모자를 쓰신 분이 이 집안과 마을의 대모이시다. 내 앞에 세운 꼬마소녀는 할머니가 자기를 닮았다고 귀여워하는 손녀이다. 뻬마스님의 어머니이기도 하다.

또 하나의 실세

뻬마스님의 형수이기도 한 젊은 실세 아주머니도 역시 모자를 쓰고 있었다. 그 마을에서는 유복한 편으로 집안에 들어서니 그릇들이 반짝반짝 윤이 나고 있었다. 쇠똥을 연료로 하는 화덕이 방 안에 있었는데 특별히 우리가 있을 때는 귀한 나무를 땠다. 그런데 자꾸 사진을 찍자고 하는 곳에 가서 보니 가스레인지가 있었다. 신문물인 것이다.

전기도 귀하고 물도 귀해 한참 산 아래로 내려가 길어와야 하는 것을 보고는 물 한 컵 달라기가 미안해 물에 적신 휴지 한 장으로 세수를 하였다. 그런데 왜 자꾸 가스레인지 앞에서 사진을 찍자고 하는 걸까. 우리나라 50년대나 60년대로 시간여행 중이라는 것을 뒤늦게 깨닫고서야 '아차! 자랑하고 싶었구나' 하였다. 살림을 맡은 여장부 며느리는 쾌활하고 씩씩하였다. 심지어 우리와 같이 온 핸섬가이 인도 운전기사와도 스스럼없어 깜짝 놀랐다.

이것이 일처다부제의 위엄인가 싶기도 하였다. 형제들 중 남편노릇을 하는 이가 있으면 다른 형제들은 자리를 비켜주거나 멀리 장사를 떠난다고 하였다. 그래서 일처다부이지만 일처일부로 살아가는 게 그곳의 예의인

듯하였다. 나로서는 정말 놀라운 경험이었다. 솔직히 그동안 형제들이
한 여자를 부인으로 삼으면 남자들이 주도권이 있는 줄 알았다. 세상은
이렇게 넓기도 하고 다양하기도 하다는 사실을 히말라야에 가서 알게 되
었다.

세상은 넓고 할 일은 많다던 옛 기업 총수의 말이 와닿은 적이 있었다. 내
가 다녔던 많은 나라들을 빗대어 말하자면 세상은 넓고 내 전생 같고 후
생 같은 사람을 만나는 일이 많았다. 출링의 인상은 어쩌면 우리 어머니
세대나 할머니 세대 같은 시대의 타임슬립을 경험하게도 했지만, 내가 지
금 어디에 서 있는지 어디로 가고 있는지 무엇이 소중한지를 느끼게 하는
여행이기도 하였다. 어쩌면 그리하여 나는 그때부터 언젠가 이 히말라야
기슭에서 여생을 마쳐도 좋겠다는 소원을 조심스레 간직하게 되었는지도
모르겠다.

출링의 대모와 함께 지붕이 마당인 독특한 구조의 집 앞에서

또 하나의 젊은 실세인 대모할머니의 며느리와 함께

남인도
케랄라Kerala 이야기

오! 남인도

이제 남인도를 쓸 시간이 왔다. 남인도하면 지금도 떠오르는 조지V. C. George S. J. 신부님. 때는 1997년, 서강대에서 인도철학을 강의하시던 예수회 소속 신부님을 만나면서 남인도 여행의 시절인연은 다가왔다. 나는 1990년대 당시 마드라스대학에서 7년 넘게 유학한 후 서강대에서 강의 중인 인도학자 김석진 교수님께 인도고대어 산스크리트와 드라비다어인 타밀어를 배우고 있었다.

1990년 첫 인도여행을 마치고 인도에 매료돼 인도어를 배우기 시작했는데 이 언어를 언제 써보나 하던 차에 살아있는 타밀어를 쓰는 남인도 신부님을 만나게 된 것이다. 조지신부님은 겨 울방학에 인도에 가있을 테니 그때 놀러오라고 초대를 하셨다. 그렇게 1997년 겨울 방학이 되자마자 동료선생님, 제자와의 3인조 여행이 시작되었다.

그러나 이제 여행기를 쓰려니 막막하기만 하다.

몇 번의 이사와 외국 살이 중에 이때의 기록과 사진만 감쪽같이 사라진 것이다. 아니면 베란다 창고 어디선가 자기를 찾아주기를 간절히 기다리고 있을지도 모르겠다.

오래된 봉함엽서 한 장을 나침반 삼아

일단 우연히 찾은 조지신부님이 보낸 보물섬 지도같이 낡고 꼬깃꼬깃한 편지 한 통에 의지해 길을 떠나고자 한다. 거의 의식의 흐름이라고 할까, 자동기술법으로 써내려 가게 될 남인도. 나도 어떤 내용이 기억 속에서 실타래처럼 풀려나올지 궁금하기만 하다.

이 오래된 편지 한 장. 1998년쯤으로 생각되는 이 봉함엽서를 보노라면 그야말로 주마등처럼 여러 이미지와 단어들이 머릿속을 스치고 지나간다.

남인도, 마드라스, 퐁디쉐리, 오로빌, 마두라이, 케랄라, 코친, 말라얄람, 조지신부님과 동생가족 그리고 그들과 함께 한 알레피 호수여행, 트리반두룸, 조지신부님의 고향 고무나무동산에서 고무를 만드는 모습들, 그리고 가무잡잡한 중년의 인자한 조지신부님의 모습… 조지신부님과의 추억부터 들쳐보기로 하자.

조지신부님과의 추억

이 편지의 글씨를 보면 알겠지만 조지신부님은 인도에서 독학으로 한국어를 공부하고 예수회가 설립한 서강대에 인도철학사를 강의하러 오셨

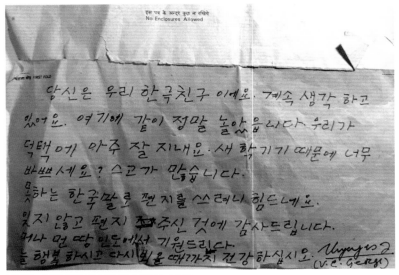

남인도 여행을 마친 후 조지신부님께 받은 편지

다. 생각할 수록 대단한 분이시다. 독학 학습서를 보여주신 적이 있는데
한 1960년대에 만들어졌을 법한 두꺼운 책을 어디선가 구해서 마르고 닳
도록 공부해서 낡아빠진 책이었다. 그렇게 공부한 실력으로 나에게 한국
어를 구사하셨는데 그럭저럭 알아들을 수가 있었다. 글씨도 쌍시옷이나
쌍비읍을 보면 한 자모씩 공들여 쓴 것을 알 수 있다. 그러나 외국인이라
면 모두 어려워하는 발음, 'ㄷ'과 'ㄸ'을 구분하지 못 하였다.
예를 들면 어느 날 저녁 '달님은 잘 있습니까'하고 나에게 말씀하셨다. 나
는 하늘을 쳐다보며 벌써 달이 떴나 두리번거렸다. 알고 보니 '따님은 잘
있습니까'였다. 이런 귀여운 실수는 외국인이면 누구나 하는 것이다.

이 편지는 98년 남인도여행을 마친 후 함께 한 여행을 추억하고 아마도 작은 선물을 보낸 후에 받은 것 같다.

그래서 떠오른 양산 선물! 케랄라, 그곳은 햇볕도 강렬하고 사시사철 식당에서도 커다란 바나나 나뭇잎을 접시로 쓸 만큼 초록이 가득한 곳이었다. 그런데 지금은 우리도 검정색이 자외선 차단효과가 좋다고 검은 양산도 쓰지만 당시는 하늘하늘한 꽃무늬 양산이 대세였다. 우리에게 며칠 숙식을 제공해 준 신부님의 제수씨는 활달하고 멋쟁이였는데 어울리지 않게 커다란 검정우산을 양산으로 쓰고 있는 것이 아닌가. 자세히 보니 거기서는 누구나 검정우산을 백주대낮에 쓰고 다녔다. 그래서 보내드린 꽃무늬 양산, 아마 동네에서 패셔니스타가 되었을지, '애개개 이렇게 작은 양산을 어떻게 써' 하며 10살 안팎이었던 딸 수리야에게 주었을지 궁금해진다.

그러나 무엇보다 일단 인도인이 신부님이라는 사실이 신기할 것이다. 인도라면 누구나 힌두교를 떠올리거나 무굴제국의 이슬람 양식의 타지마할 그리고 이제는 자연사했다는 불교의 나라로 생각할 것이다. 그야말로 매일 신이 생긴다는 만신전 판테온의 종교 힌두교에서는 불교의 석가모니도 아홉 번째 신으로 모시고 있다지 않은가.

인도의 지상낙원 케랄라

그런데 알고 보니 남인도는 그렇지 않았다. 특히 신부님의 고향 케랄라

지상낙원 케랄라

주(말라얄람어 : കേരളം, 힌디어 : *केरल*)는 인도 남서부 해안가에 자리잡고 있어 외국 문명을 쉽게 접할 수 있는 곳이다. 케랄라의 뜻은 코코넛 나무라고 하는데 정말 지천이다. 문화적, 인종적으로 드라비다족에 속한다. 원래 인도는 모헨조다로 등의 문화를 간직한 드라비다족이 원주민이었는데 북쪽에서 전차를 탄 아리아인이 들어와 남쪽으로 밀려났다고 하지 않는가. 아리아인은 자리를 잡고 카스트라는 계급을 만들어 토착민에 대한 차별의 역사를 시작했다는 것이다. 그렇게 남쪽에 정착한 드라비다족은 생김새부터 북인도의 사람들과는 여러 모로 달랐다.

남인도에서 우연히 한국여행자 이승하씨를 만났는데 북쪽에서 머물다가 기차를 타고 하염없이 몇 날 며칠 걸려 내려온 그의 말에 따르면 인상과 표정부터 달랐다고 한다. 1998년도 1월 겨울, 북인도는 마르고 강퍅한 인상의 사람들이 많고 좀도둑 때문에 기차에 짐도 체인을 감아 열쇠로 채워야하는 일이 일상다반사였는데 남인도에 내려오니 어디서나 먹을 것도 지천이고 사람들의 인상도 후덕해 보인다고 하였다. 그도 그럴 것이 바나나 코코넛 등 언제나 나무 열매가 열려있어 열매만 따먹어도 굶어죽을 일은 없어 보였다.

케랄라는 인도의 서남쪽 아라비아해 바닷가에 위치해 있어 여러 나라 배들이 들어오는 문명교류의 항구로 유명하였다. 그렇게 일찍이 모두 카톨릭을 받아들인 조지신부님 가족은 전형적인 지식인 집안이었다. 케랄라는 교육열이 높아 문맹율 0%라고 자랑하는 남동생 집에서 묵었는데 동생은 컴퓨터 계통의 전문가 교수이고 제수씨도 여자대학의 교수였다. 케랄라주의 신부님 가족은 그자체로 남인도의 자부심이라 할 만하였다.

콜럼버스가 찾아 헤맨 인도는 케랄라의 옛 이름 말라바Malabar

내친 김에 케랄라주에 대하여 좀 더 얘기해보기로 하자. 케랄라를 '신의 땅, 신이 축복을 내린 땅'이라고 부르는 데는 이유가 있었다. 처음엔 반신 반의하지만 케랄라의 옛 이름 말라바 시절부터 후추와 향신료가 유명해 아라비아 상인들이 찾아와 국제적인 감각을 익혀나갔고 멀리 카르타고, 로마, 유대인에게도 그 명성이 알려졌다고 한다.

특히 콜럼버스가 그토록 가려했던, 유럽인으로서는 최초로 인도 항로를 개척한 바스쿠 다가마가 묻혀 있는 곳이 바로 향신료의 천국 말라바였다는 사실.

여러 종교가 공존하는 종교다원주의의 케랄라

이렇게 아랍의 이슬람 상인, 기독교인들과 교류하며 강제적 개종이 아닌 자연스럽게 선택한 힌두교 바깥의 종교인은 케랄라주 인구의 44%라고 한다. '인디아'라는 나라 이름이 힌두에서 유래해 '힌두교도'로 태어나는 것이 상식인 나라에서 정말 대단한 일이다. 이러한 다종교의 인구 구성은 토론과 존중이라는 전통을 낳았고 누구든 일방적으로 차별할 수 없는 토대가 만들어지게 되어 케랄라에서는 이슬람, 기독교, 그리고 힌두교가 자연스레 공존하게 되었다는 것이다.

인도는 1956년 간디와 네루가 집권하는 국민회의당이 언어권에 따라 주를 나누고 지방정부를 건설했는데 그때 케랄라 공산당 정부를 해산시켰다고 한다. 그러나 케랄라 공산당은 문맹 퇴치 운동과 도서관 건립 운동으로 대중적 지지를 받게 되었다. 주민들은 글을 읽게 되자 책을 볼 수 있게 됐고 각성으로 이어져 10년 후 공산당은 재집권에 성공한다. 영구 집권이 아니라 복지정책으로 경쟁하는 구도를 만들어갔다는 것이다. 한마디로 우리가 북인도를 바라보는 시각으로 케랄라주를 보면 '큰 코 다친다'는 것이다. 종교와 정치가 평화로운 인도의 품격을 느끼고 싶다면 케랄라를 가보시라.

코친, 포르투갈 식민지 카타칼리의 고장

케랄라 여행은 코친Cochin에서 시작한다. 그곳은 카타칼리Kathakali라는 고전 무용극으로 유명하다. 인도의 5대 고전 무용 가운데 하나로 '카타'는 이야기, '칼리'는 연극을 의미한다. 라마야나Rāmāyana나 마하바라타Mahābhārata등의 대서사시에 나온 내용을 팬터마임과 무용으로 표현하는 연극이다.

우리 일행은 조지신부님이 소개한 한국인 교포 아주머니의 초대로 이 연극을 보게 되었다. 그때만 해도 인도, 특히 남인도에서 한국인을 만나는 것은 드문 일이었다. 이 분은 케랄라 호텔 갑부의 부인이었는데 프랑스로 유학갔다가 거기서 남편을 만나게 되었다고 한다. 몇 개의 호텔을 소유하고 있는 남편 덕분에 우리는 편하게 여행할 수 있었다. 한국과 한국인을 너무 그리워하니 남편은 한국인이 탄 외항선만 봐도 초대를 하여 부인의 향수병을 달래주었다고 한다. 하물며 한국 여자 셋을 동시에 만나게 되다니 그들 부부의 칙사대접은 미루어 짐작하시라.

연극하는 곳에 함께 가니 어두침침한 무대 한쪽에 악사가 자리를 잡고 앉아 요란하게 북을 두드리고, 두 명의 배우가 인간의 다양한 감정을 얼굴로 표현한다. 얼굴이라기보다는 눈동자를 공처럼 굴리며 은으로 만든 길고 뾰족한 손톱으로 무드라(手印)를 지으며 춤을 추는 것이 인상적이었다. 특히 연두색 얼굴과 흰 수염 등 컬러풀한 화장은 코코넛 등 자연염료로 몇 시간씩 걸려 분장을 한 것이라고 하였다. 잔뜩 부풀린 치마를 입고 화려한 장식으로 치장한 배우는 모두 남자다.

카타칼리 공연은 원래 열두 시간 동안 지속되는데 대략 오후 8시 경에 시작하여 다음날 새벽에 끝난다고 한다. 우리는 두세 시간짜리 공연을 보았던 것 같다. 분장이 무척이나 화려하고 복잡한 무용가들이 때로는 소란스럽게 때로는 얼굴 근육과 손짓만으로 섬세하게 북소리와 심벌즈 같은 장단에 맞춰 무용극을 하였다. 이 남자 중심의 연극 전통이 중국의 경극, 우리나라의 탈춤, 일본의 가부키로 이어진 것이 아닐까 생각하였다. 아직도 남인도는 상대적으로 북인도 불교 성지보다 우리 귀에 낯선 곳이다.

다음에는 케랄라의 알레피 호수여행을 떠나려 한다. 사실 첸나이로 이름이 바뀐 마드라스에서 시작한 여행이라 퐁디체리, 오로빌 공동체 마을부터 쓰려 했는데 기억의 연필은 나를 조지신부님 고향부터 쓰게 하였다. 어쩌면 마법의 연필이다. 최소 남인도에 관한한 나의 의도는 없다. 그저 붓가는 대로 따라갈 뿐이다. 부디 언젠가는 사진이나 여행노트가 발견되기를…

남인도 동방의 베니스
알레피 이야기

오 케랄라 알레피!

남인도하면 감탄사로 시작한다. 30년 국어선생 하는 동안 감탄사 함부로 쓰지 말고 독자가 감탄하게 해야한다고 말해왔지만 수필隨筆이 뭔가. 붓가는 대로 쓰는 글 아닌가. 남인도만큼은 감정닿는 대로 생각나는 대로 쓰기로 하였다.

나의 인생관도 '자리이타', '일체유심조'같은 멋진 한자성어였다가 '나부터 사랑하자', '모든 건 마음먹기 달렸다'처럼 힘을 빼고 말한지 오래 되었다. 심지어 요즘 누가 좌우명을 물어보면 '에라 모르겠다'라고 답하고 있다. 무언가 몰입하다가 어느 순간 '될대로 되라'하는 순간이 찾아온다. 거기까지가 최선이었던 것이다. 어쩌면 인생이란 평생 힘을 주고 사는 것이 아닐까. 어딜 가든 내가 꼭 듣는 소리는 '힘을 빼'라는 말이다. 요즘 치과에 임플란트하러 가서 듣는 말이 '볼에 힘을 빼세요'이다. 세상에 내가 볼까지 힘을 주고 살 줄이야…

힘들여 사느라 지친 그대, 힘을 빼고 싶으면 알레피에 가시라.

알레피 수로여행

지금도 눈에 삼삼한 평화, 그 자체 알레피. 인간 세상에 파라다이스가 있다면 이런 모습일 거라고 자신있게 말할 수 있다. 햇볕이 찬란하고 물이나 물이나 천지 사방 초록이 가득하고 하늘과 물이 맞닿은 곳에 집배를 타고 좋은 친구들과 유유히 구름과 함께 떠가는 모습…

알레피Alleppey는 알라푸자Alappuzha라고도 부르는데 인도 남부 케랄라 주에 위치한 연안 도시이다. '동방의 베니스'라는 별명으로 불리지만 베니스도 속속들이 여행한 나로서는 베니스를 '이탈리아 알레피'라고 부르고 싶다. 베니스가 멋부리고 화려한 도시 아가씨라면 알레피는 있는 그대로 자연그대로 꾸미지 않아서 아름다운 시골처녀 같다고 할까.

우리 일행은 이 여행을 조지신부님과 신부님 동생가족이 초대하여 함께 하였다. 부레옥잠과 이름모를 수초가 가득한 물길을 유유히 떠가면 물가의 집들에서 여인들이 집안일을 하거나 나와서 빨래를 하다가 손을 흔든다. 한없이 정다운 풍경이다. 아이들이 뛰어다니고 때로는 아이를 안고 집배에 탄 외국인을 구경하고 우리는 알레피 마을의 세상 걱정없이 보이는 정다운 사람들을 구경한다.

장자의 나비꿈은 여기서도 멋지게 적용된다. 누가 장자이고 누가 나비일 것인가. 그들도 희노애락 일상의 애환이 있겠지만 서로를 보고 손을 흔들 때에는 그저 행복하고 즐겁고 정다운 마음으로 가득하다.

마치 우리 어릴 때 손님이 오시면 그렇게 좋았던 것 같은 때로 돌아간 것 같다. 집에 새로운 사람이 등장하면 반찬도 맛있는게 많아지고 특별한

동방의 베니스 알레피

어딘가를 함께 놀러가고 하던 것들이 어린 마음에 마냥 좋았다. 손님은
아이들에게 친절하고… 신부님 동생 수리야네 가족이 그러하였다.

낯선 동양 여성 셋이 집에 놀러오자 열 살 안팎의 딸과 여섯 살 남짓의
개구쟁이 아들은 서로 경쟁하며 친해지려고 하였다. 특히 제자 근영이는
20대라 언니, 누나 역할을 톡톡히 하였다. 그런 그들과 배에 집을 얹은
하우스 보트를 전세내어 알레피 여행을 하였다. 멀리 한국까지 가서 서강
대에서 강의하고 돌아온 형님이 돌아와 축하 분위기인데다가 난생 처음
보는 동양인들과 한 집에서 지내다 여행을 하니 모두 흥겹고 들뜬 기분이
었다.

어릴 적 시간여행 타임슬립은 알레피에서

무엇보다 마음을 들뜨게 한 것은 어릴 때 종이로 접던 집배가 정말 있었
다는 놀라운 사실. 내가 꼬마였을 때 종이접기를 배웠다. 처음엔 비행기,
그다음엔 배였는데 좀 더 숙달이 되면 집배를 접는 방법을 외삼촌이 가르
쳐 주었다.

서울에서 나고 자란 나의 집에는 지방의 친가와 외가에서 고모, 삼촌, 외
삼촌, 이모가 와서 살다시피 하였다. 그들은 5남매인 우리를 돌봐주기도
하고 취직할 때까지 머물기도 했으며 심지어 취직해서 우리집에 살기도
하였다. 방은 딱 두 칸이었는데 언제나 열 식구쯤은 기본이었다. 그래서
머리말에서나 발치에서 칼잠을 자기도 했는데 그때는 그게 또 그렇게 재

미있었다. 이제 세월이 흘러 그들의 반은 하늘나라로 가셨다.

인도에 가면 그렇게 늘 나의 어린 시절로 타임머신을 타고 돌아간 기분이다. 가난했지만 항상 웃음꽃이 피었고 인정이 넘쳐 흘렀던 그 시간이 거기 그대로 있었다. 한없이 가벼운 주머니임에도 밤중에 퇴근할 때는 사과한 봉지 옆에 끼고 들어오거나 어쩌다 그 동네 우리 집에만 있었던 전축의 레코드를 사들고 오는 낭만도 있었다.

알레피 호수에 핀 연꽃

인도 사리를 입고 인도 성당에 가다

조지신부님네 가족 중에서 조지신부님은 '가문의 영광'을 맡고 계신 것 같
았다. 고무나무를 키워서 고무를 만드는 시골마을에서 신부님이 된다는
것은 대단한 노력과 명석함이 없이는 불가능한 일로 보였다. 그러한 큰
형님이 출세하여 한국에서 인도의 철학을 강의하고 돌아오는 길에 전리
품격으로 그 나라의 손님들이 뒤따라 온 것이다.

특히 남동생의 부인은 성격이 활달하고 시원시원하였는데 동네를 우리와
걸어갈 때면 아주 자랑하는 표정이 얼굴에 가득하였다. 나는 그 나라에
가면 그 나라 옷을 사입고 다녔는데 차마 인도의 전통복장 사리는 배를
내놓고 입어야 해서 도전할 엄두가 안 났다.

그리하여 결혼전 처녀들이 입는다는 긴 원피스와 바지로 된 '쿠르따'라는
것을 사고 싶었다. 심지어 오래전 첫 인도여행에서 기념으로 사서 입었던
쿠르따를 가져가서 입고 다니기도 하였다. 멋쟁이 제수씨는 나에게 그 옷
을 어디서 샀냐고 물었다.

8년 전에 델리에서 샀다고 하니 어쩐지 유행이 지난 옷이라며 요즘 그런
스타일 안 입는다고 사리를 맞추러 가자고 나를 부추겼다. '아니 나는 배
에 자신이 없어서 절대 안 돼요' 당시 딸을 낳은지 1년정도 지난 때였으니
미루어 짐작하시라. 그랬더니 제법 체격도 크고 살집이 있던 그녀는 내 배
를 보고 진심으로 'Beautiful Stomach'라며 이걸 왜 가리냐고 부러워하
였다. 결국 난 그녀의 단골 집에서 새로 맞춘 붉은 색 사리를 입고 조지신
부님이 미사를 집전하는 성당에까지 가야했다.

신부님은 서울순회공연을 마치고 금의환향한 기념으로 고향에서 특별 미

사를 집전하셨는데 나는 인도 사리입은 동양 손님으로 당첨되었다.

신부님은 나에게 그 사리를 꼭 입고 와달라고 신신당부하셨던 것이다. 아이쿠! 지금 생각해도 난감하던 그때의 추억. 우리는 팔 다리는 내놓아도 배를 내놓는 옷을 입는 세대가 아니지 않은가.

나는 최대한 배를 칭칭 사리로 안 보이게 감아달라고 하고 제수씨는 왜 가리냐고 실랑이하던 기억… 서울로 돌아와서는 그 'Beautiful Stomach'가 자꾸 생각나며 남편이 배 나온 이야기를 할 때마다 '인도 가서 살면 되지' 하는 자신감이 생겼다.

1997년에 산 사리를 2020년에 다시 입다

지금 그 사진은 없지만 2020년 인도 네루대학 특강 때 가지고 가서 입은
사진으로 미루어 짐작하시라. 그래도 거의 25년전이다.

누가 이 사람을 모르시나요

여행기를 쓰면서 봉함엽서를 찾은 김에 대학의 학장이 되셨다고 써보낸
연락처를 보고 전화를 하였다. 우리처럼 핸드폰시대가 되어서인지 너무
옛날 번호라서인지 연결이 되지 않았다. 혹시 독자 중에 인도통이 있으시
거나 글로벌 시대에 인도에 인드라망 네트워크가 있으시면 조지신부님과
동생 토마스교수님을 찾아주시기 바란다. 정말 가족처럼 대해 주신 조지
신부님댁 모든 분들이 그리운 시절이다.

너무 늦게 여행기를 쓰게 된 나의 게으름과 시절 인연도 야속하다. 그래
도 '회자정리會者定離'했으니 '거자필반去者必返'. 만나면 헤어지고 헤어졌으니
반드시 다시 만날 것을 믿는다. 다음에는 공동체 마을의 선구자 퐁디셰
리의 오로빌로 떠나보자.

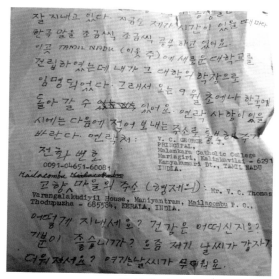

편지 2탄 : 이 연락처가 닿을 수 있다면

쿠르따를 입고 델리대학교 특강

남인도 오로빌
공동체로 가서 살아 볼까

오로빌, 꿈의 마을을 향하여

1989년 여행자유화 원조 세대인 나는 30년 남짓 세계를 여행을 하는 동안 여생을 보내고 싶은 곳이 몇 군데 생겼다. 그중 한 곳인 남인도 오로빌을 생각하면 지금도 꿈만 같다. 20여 년 전인 90년대 중반 어느 날 전세계인의 공동체를 표방하는 '오로빌'에 대한 기사를 접하였다.

무작정 그곳으로 마음이 달려갔다. 언젠가 가서 살아보리라고 굳게 결심하였다. 그러다가 1997년도 겨울 IMF 사건이 터져 외환 달러가 2배 이상 올라 유럽여행을 접고 상대적으로 물가가 저렴한 남인도행을 결정하게 된 것이다. 마침 인도의 조지신부님을 만나 그의 고향인 께랄라 주가 추가되었지만 나의 목표는 오로빌이었다.

지금은 첸나이라고 부르지만 그때는 마드라스라고 불렸던 곳에서 오로빌은 130킬로정도 떨어진 바닷가에 있었다. 우리는 지금도 남인도 보다는 불교성지 인도 동북지역을 많이 가는 경향이 있는데 당시 한국인 인지도는 어떠했겠는가. 남인도 힌두교 사원을 들어가려면 힌두교여야만 했는데 내가 힌두교도라고 우기면 어디 티벳이나 네팔에서 온 소수부족인 줄 알고 순순히 들여보내주기도 하던 시절이었다. 그러나 새벽에 마드라스 공항에 난생처음 내린 우리는 무섭기도 하고 어정쩡한 시간이라 하루를 공항에서 지새우고 호텔을 잡았다.

인도 첸나이에서의 신고식

남인도에서의 신고식은 결코 간단치 않았으니 우리는 피곤에 절어 부랴부랴 중급 호텔을 잡고 트윈 침대에서 셋이 자게 되었다. 가장 불편한 가운데 자리는 솔선수범이 모토인 동행 한선생님이 자원해 선점하고 우리는 양쪽 가장자리에 누워 미안한 마음으로 잠을 청했다. 그런데 자다가 보니 제자 근영이가 갑자기 부스럭거린다. 무슨 일인가 하니 자꾸 모기가 문다면서 모기약을 찾는다는 것이다. 모기 소리도 안 나는데 무슨 모기? 긴 여정과 공항에서 밤샘한 여독으로 난 그대로 곯아떨어졌다.

대망의 이튿날 아침, 일어나고 보니 불편한 침대 가운데 자리 선생님만 멀쩡하고 왼쪽에 잠든 나는 왼쪽 반신이, 제자 근영이는 오른쪽 반신이 머리부터 발끝까지 형체를 알아볼 수 없게 빈대에 물려 퉁퉁 부어 있었다. 가렵고 아픈 것도 잊고 우리는 셋이서 포복절도를 하며 서로를 쳐다보고 웃느라 정신이 없었다.

결국 착한 마음을 낸 한선생을 위하여 우리가 보디가드 노릇을 하며 빈대군단 철통 방어를 한 셈이었다. 우리는 일주일 넘게 피가 나도록 북북 긁으며 다녀야 했다. 지금도 난생 처음 만난 빈대, 벼룩 공격을 모기라 굳게 믿고 아무 짝에 쓸모없는 모기약으로 박멸에 여념없던 근영이 생각을

오르빌의 밤

하면 웃음이 난다. '어서와, 빈대 천국 인도는 처음이지'….

오로빌의 역사

오로빌은 타밀나두 주 첸나이에서 3시간 정도 걸리는 퐁디 세리라는 곳에 있다. 스리 오로빈도라는 수행자가 세워 그의 이름을 따서 '오로Auro+빌리지village'에서 오로빌이 되었을 것이라 생각한다. 그런데 찾아보니 오로빌이라는 이름은 '동트는 새벽(프랑스어 aurore에서 따온 단어인 Auro)의 도시(ville)'라는 뜻이라고도 한다. 어쨌든 인도의 사상가 스리 오로빈도의 이상향을 구현하기 위해 1968년 세워졌다. 1988년 인도 국회에서 오로빌 재단법이 통과되면서 오로빌은 특별자치권한을 가지게 되었고 오로빌의 주민은 오로빌리언으로 부른다.

그 당시 프랑스 68혁명이 일어난 시기라서 '인류 화합(Human Unity)과 세계평화'를 지향하는 오로빌의 가치에 공감한 사람들이 전 세계에서 모여들어 만들었다고 한다. 2019년 당시 50여 개국 3천 명 정도 살고 있고 한국인은 35명 정도가 거주하고 있다고 한다. 인도인이 제일 많으며 그 다음으로 프랑스, 독일 그 밖에 전 세계인들이 소수 자리잡고 있다.

어쨌든 이 세상의 인류화합과 평화를 지향하는 모든 국적의 사람들이 한 곳에 모여 친환경 채식을 위주로 하며 자급자족을 목표로 물물교환을 하며 살아간다니 정말 기적같지 않은가. 그러니 언젠가 가서 몇 년이라도 살아보고 싶다. 물론 거기도 사람사는 곳이니 희노애락이 왜 없으랴만….

오로빌의 영혼이라 불리는 마트리만디르 (Matrimandir)

오로빌 공동체

오로빌의 자전거와 오토바이에 대한 단상

드디어 꿈에 그리던 오로빌에 도착하였다. 그곳은 자동차가 없는 곳, 자전거나 기껏해야 스쿠터가 전부였다. 그러나 인도가 어떤 곳인가. 겨울에도 더운 곳이다. 심지어 남인도이다. 오로빌 안에서도 걸어서 모든 곳을 다닐 수가 없다.

나는 더군다나 극심한 몸치이다. 몸으로 하는 것을 전부 못한다. 그러니 자전거라고 잘 탈 수 있을까. 운전면허가 있으니 스쿠터를 연습해서 타보자하고 대여하러 갔더니 스쿠터는 없다. 하는 수 없이 자전거를 대여해서 어떻게든 타보려고 하니 이번에는 안장이 높다. 인도 사람들이 키가 비슷해도 우리보다 하체가 훨씬 길다는 것을 알게 된 에피소드. 이렇게 글로는 몰랐던 사소한 현지 경험 한 가지에서도 배우는 문화의 다양성이라니…. 직접 부딪쳐야만 알 수 있는 '알쓸신잡'이라고나 할까.

그렇다면 이제 자전거를 연습해서 타고 오로빌 한 바퀴를 돌아볼까. 나는 자전거를 출발도 누가 잡아줘야 하고 내릴 때도 누가 도와줘야 한다. 그러니까 달릴 줄만 아는 것이다. 일단 나를 도와 첫 번째로 출발시키고 두 사람은 뒤따라오기로 하였다. 나는 자전거도 못타는데 그들이 앞서가면 큰일이다 싶어 죽기 살기로 타자마자 페달을 밟았다. 나중에 일행이 하는 말, "어찌나 빠르던지 따라갈 수가 없었다"며 자전거 못 탄다는 것 맞아 했다는 것이다.

얼마나 자전거길을 달렸는지 모른다. 또 뒤를 돌아볼 실력도 못 되니 앞만 보고 20~30분쯤 달렸을 때 저 멀리 자동차가 나타났다. 아뿔싸. 나는 설 줄을 모르지 않던가. 이러다가는 충돌이다. 에라 모르겠다. 차라리 넘어지자. 우당탕 넘어지니 자동차가 섰다. 아마 내가 계속 갔으면 자동차는 내가 피할 줄 알았을 것이다. 다행히 흙길이라 그리 다치지는 않았다. 그때만 해도 여행은 이토록 결사적이었다.

사실 이 못타는 자전거 실력으로 나는 90년대 초 프랑스 '베르사이유 궁전' 돌 많은 정원도 돌아다녔고, 일본 '아스카' 지역도 일주를 했다. 아스카에서는 전봇대와 부딪혀 타박상에 무릎이 피가 철철 나는 등 죽을 뻔한 것도 잊은 채 빌린 자전거가 고장 나 근처 자동차 정비소에 천신만고 끝에 끌고 가 고친 기억도 새롭다. 이제는 다시 못할 '무식하면 용감한' 자전거 여행이었다.

오로빌의 햇살

오로빌의 꽃공양

오로빌의 오솔길

오로빌에서 외계인만큼 신기한 한국인

그렇게 해서 무엇을 보았는지는 기억이 가물가물하다. 우선 당시 오로빌에서 두 명의 한국인을 만났던 것이 생각난다. 북인도에서 기차를 25시간인가 타고 내려온 이승하라는 청년이 비지터 센터에서 자원봉사를 하고 있고 오로빌 주민 스페인여인 집에서 홈스테이를 하고 있다는 이야기를 인상 깊게 들었던 장면이 떠오른다.

또 한편 그곳에는 한국여성이 외국 남성과 결혼해 아이 셋과 살고 있었는데 우리를 만나러 올 때에는 오토바이 한 대에 다섯 식구가 모두 타고 와서 정말 신기하였다. 어른 사이에 둘 그리고 아빠 앞에 타고 온 큰 아이가 천연덕스럽게 내려서 위험하지 않냐고 물으니 여기서는 속도낼 일이 없어 위험하지 않고 이것이 우리 자가용이라고 당당하게 말하였다. 우리는 아마 그녀에게 환전을 했던 것 같다.

세계 어디서나 당당하고 씩씩한 한국 여인을 만나는 것은 기분좋은 일이다. 나도 남인도 사람들이 신기했지만 그들도 우리가 신기하기는 마찬가지. 지구 어느 나라보다 호기심 천국인 인도 사람들의 대놓고 사람 구경하기는 가히 기네스북감이다. 그 고립무원의 오로빌에서 만난 두 한국인은 혈연보다 반갑고 오래오래 뇌리에서 지워지지 않는다. 지금도 잘 살고 있기를, 안녕하기를 빈다.

오로빌의 저녁

남인도에서 만난
처용 이야기

오로빌에서의 명상과 공연 관람

오로빌에서의 둘째 날, 새벽이라기엔 너무나 칠흑같이 어두운 시간 새벽 4시쯤에 모여서 명상을 한다기에 우리는 새벽 3시쯤 숙소를 나섰다. 동서남북 분간도 안 되는데 멀리 경비소같은 곳이 보여 'Watch man'에게 물어물어 찾아간 명상센터. 지금도 생각난다. 둥근 돔처럼 생긴 명상센터는 실내가 나무로 되어 있고 유리로 된 틈 사이로 새벽이 밝아오는 모습이 보이도록 설계되어 있었다.

거기서 서양 사람들이 가부좌하고 앉기 어려워 둥근 방석이나 보조 의자를 만들어 명상하는 것도 처음 보았다. 신선한 문화충격이었다. 그렇게 우리는 그곳 사람들과 명상을 하며 아침을 맞이하였다. 각자 자기의 관심사에 맞는 커뮤니티 활동을 하고 자기의 능력껏 농사를 짓든, 건축을 하든, 교육을 하는 삶. 나는 그리하여 아직도 그곳에서의 삶을 꿈꾸고 있는지 모르겠다.

저녁에는 '나트라자'를 연상시키는 화려한 손동작 Mudra와 발찌의 방울
이 짤랑거리는 인도 무희의 공연을 보았다. 우리로 치면 살풀이 춤같은
인도를 대표하는 춤이라 할까. 스페인 여인과 아이가 있는 집에 머물고
있는 이승하씨도 그 가족과 함께 공연을 보았다. 공연 후 아이가 잠들자
그 총각이 안고 라푼젤같이 긴 머리의 스페인 젊은 엄마가 함께 가는 뒷
모습이 인상적이었던 밤.

인도 무희의 춤

그곳에는 그런 조합이 전혀 이상하게 느껴지지 않고 자연스럽다. 지금도 오로빌에서는 결혼제도와 상관없이 부부라도 개인과 개인으로 모든 절차가 진행된다고 한다. 배우자와 세트로 묶이고 싶지 않은 분, 한 번 가서 살아보시라.

퐁디 세리Pondichéry 해안가 마을에서 '처용'가면을 만나다

우리는 오로빌 근처 바닷가 마을로 산책을 나갔다. 프랑스 식민지였던 곳이라 눈치 빠른 독자들은 이 지역이 모두 프랑스어 지명인 것을 알아챘을 것이다. 프랑스 풍의 집들과 교회들이 인도스럽지 않고 서양식의 카페와 레스토랑도 눈에 띄었다. 그렇지만 조금 더 바닷가 근처 인도인들이 사는 마을 쪽으로 들어와 집들을 구경하다보면 깜짝 놀랄 일과 맞닥뜨린다. 집집마다 현관 위에 처용처럼 붉은색 얼굴을 한 가면이 붙여져 있는 것이 아닌가.

처용이 누구인가. 신라시대 '서라벌 밝은 달 아래 밤새 노닐다가 집에 들어오니' 아내가 웬 외간 남자와 잠들어 있는 것을 목격한 사나이. '아내의 두 다리는 내 것이요만 남은 두 다리는 누구의 것인가' 노래하며 춤추고 물러난 용왕의 아들이라지만 얼굴은 서역인이 아니던가.

그러자 그 대범함에 놀라 다리의 주인공인 역신이 뉘우치고 처용 얼굴 있는 곳은 얼씬하지 않았다는 삼국유사 이야기를 들어보았을 것이다. 지금 같으면 치정 난투극을 벌여 뉴스에 나올 일이지만 신라시대 사람들의 호방함은 격이 달랐다. 그런데 인도 남쪽에서 만난 처용탈이라니, 이것이 어

오로빌 근처 집 지붕위에 처용 비슷한 탈

여기도 역신과 처용의 스토리텔링이 있을까…

인 일이란 말인가.

그렇다면 삼국유사 기록에 용왕의 아들이었다는 처용은 남인도 바닷가에서 온 서역인이란 말인가. 그 이후 처용이 이방인이라는 설에 학자들은 중동 아랍설을 이야기하지만 나는 결단코 남인도라고 믿는 까닭이 여기에 있다. 물론 고고학적 연구와 해상실크로드의 경로 등 밝혀야 할 일이 아직 많지만 이 처용 가면이 신라에도, 현재 남인도에도 똑같이 전승되고 있다는 사실은 놀랍고 놀라웠다.

애석하게도 당시의 사진은 해외에 나가 살면서 행방불명이 되어 끌탕을 하고 있던 차에 오로빌에 살고있는 김진여씨가 동네 사진을 찍어 보내 주었다. 그곳에서도 삿된 기운을 몰아내는 상징이 맞다는 동네주민의 인터뷰를 곁들여 보내주어 감사하고 감사할 일이다.

이렇게 나의 인도 여행은 총 네 번에 걸쳐 이루어졌다. 1989년 첫 인도 여행은 뭄바이로부터 델리, 아그라, 네팔 카트만두, 룸비니, 인도 보드가야, 라지기르, 쿠시나가르, 라자스탄을 돌았다. 그리고 1997년 타밀나두주 오로빌, 마두라이, 께랄라주 코친, 알레피, 그리고 문나르 근처 신부님 고향을 갔던 것이다.

세 번째 2007년 북인도 히마찰 프라데시주 암리차르에서 다람살라, 히말라야 오지마을 츨링까지 누비고 다녔다. 그리고 2020년 네 번 째 인도여행 불교 8대 성지와 델리, 카주라호 지역을 여행하였다. 거의 10년에 한

번씩 인도 동북부와 남부, 북부여행을 한 셈이다. 그러나 여기서 네 번째 여행은 아직 풀지 못하였다. 일부 사진 몇장만 맛보기로 선보인다. 곧 인도기행 2편을 기대하셔도 좋다.

이렇게 남들이 안 가본 시기에 좀처럼 가기 어려운 인도 지역을 누비면서 내 서른의 인생관과 세계관이 바뀌었고 지금도 그때와 비교해보면 성격이 하늘과 땅 차이로 달라졌다. 일단 인도에서 지저분의 극치를 경험한 후 결벽증이 없어졌다. 그리고 내 가치관과 내 문화만이 옳다고 여기지 않게 되었다. 인도에는 유구한 전통과 문화에 빛나는 인도의 가치관이 있었던 것이다.

여생을 보내고 싶은 곳도 몇 군데나 생겼다. 인생이 시들하거든 인도에 가보시라. 뭔가 삶의 전환이 필요하거나 내가 무엇을 어디까지 할 수 있을까 궁금하거든 그때도 인도로 가시라. 인도를 가지 않고 살더라도 사는 데는 지장 없지만 인도를 다녀 온 후의 인생은 확실히 그 전과는 다를 것이다.

오로빌의 영혼이라 불리는 마트리만디르 (Matrimandir)

콜람이라는 그림그리기

마트리만디르에서 하는 밤축제

여행하는 인간, 놀이하는 인간
Homo Viator, Homo Ludens

인도부터 아시아, 유럽 ,아프리카를 걸어 나에게로

전생일까 여생일까 일본과 대만

교토 아스카,
        열두 달쯤 소요하고 싶은 그곳

● 어쩌다 보니 지구를 내 발로 걸어보는 꿈을 이
룬 내가 이제 30여 년 경력의 여행자가 되었다. 언젠가는 쓰리라고 다짐
하던 마음의 고향 여행기를 쓰는 시절 인연이 다가왔다. 발길 닿는 대로
붓가는 대로 소요하듯 시작하자니 교토 아스카가 먼저 떠올랐다.

생의 한가운데 여름의 한가운데

2016년 한여름, 스무 살 딸과 한 시간에 한 번씩 다니는 셔틀버스 하루 티
켓을 끊어서 구경하다 지치면 냉방 잘 된 버스를 타고 내리던 여행을 하였
다. 원데이 버스 티켓은 신의 한 수! 다리도 쉬고 피서도 되는 일석이조의
선택이다. 8월 염천 폭염의 작은 마을 아스카를 하루 종일 그렇게 누볐다.
처음 아스카를 간 것은 아마도 1992년~1993년, 그때는 자전거를 빌려
서 돌아다녔다. 여행의 기술도 강산이 세 번 바뀌면 이렇게 진화한다. 아
마 자전거 여행이었으면 일사병에 걸려서 애저녁에 포기했을 교토 아스카
의 여름.

한 시간에 한 번뿐인 버스, 이렇게 더운 날에는 한 시간이 대수인가. 190 엔부터 450엔까지 있는 버스 운임과 상관없이 우리는 세 번을 탔다. 아스카 골목을 돌고 돌아 세 바퀴, 어느덧 외워질 즈음 교토로 돌아오는 기차 안에서 바라보는 일몰까지가 아스카 여행인 것이다.

아기자기 소꿉놀이 아스카

아스카 여행에 중요한 것은 아스카 여권이다. 아스카 역 앞 기념품점에 가면 장난스러운 아스카 여권을 판다. 그러나 거기에는 가봐야 할 곳의 할인권과 정

아스카 여권

아스카 역 앞 기념품점

성덕태자의 애마 청동상이 서있는 태자전에서 바라본 귤사

보가 가득 들어 있다.

그렇게 우연히 찾아간 아스카, 역시 일본답다. 다카마쓰 고분의 모사화를 진품처럼 전시한 자료관은 그야말로 이렇게 아무것도 없이 전시관을 만들 수 있다는 전범을 보여준다.

역사관은 한 술 더 뜬다. 심지어 무료일 때 알아봤어야 한다. 아무것도 없다. 포스터, 스탬프, 동네 꼬마들이 그린 꽃그림 같은 콘텐츠들만으로 자기 고장의 유물과 함께 호흡할 수 있다니… 단지 흑백과 칼라의 수십 년 전 동네 사진과의 변화 대비, 그뿐이다. 언뜻 상관없어 보이는 어린이들 꽃그림은 이로 인해 그 기념관을 부모와 함께 찾아올 구실을 만들고 자연스레 아스카 역사와 친숙해지는 동기를 부여한다. 해석하기에 따라 대단한 교육이다.

귤이 많아 귤사橘寺, 다치바나 데라

이제 다치바나 데라, 귤사에 가야 할 시간이다. 일단 귤나무가 많다. 우리에게도 잘 알려진 성덕태자 곧 쇼토쿠가 태어난 곳이다. 거기서 4수 관음을 만난다. 다리도 양반다리 하다 오른 무릎을 세운 자유로운 자세. 여의륜관음이라고 불리는 이 4수관음은 성덕태자와 관계가 있다. 성덕태자(574~622)는 어머니 태몽에 어떤 비구가 들어오면서 '나는 구고관음인데 당신의 태를 빌려 세상을 구하고자 한다'고 하였다는 것이다. 이로 인해 일본에 관음신앙이 전파됐다고 전한다.

그리고 우리나라에선 보기 드문 부동명왕과 세지보살이 눈에 많이 띈다. 귤사의 부동명, 아스카사의 세지, 부동명 표정도 아주 풍부하다. 부동명왕은 인도 시바신의 다른 이름으로, 불교는 이를 대일여래의 사자로서 받아들였다.

세지보살은 '대세지' 또는 '득대세得大勢'라고도 하며, 아미타불의 왼쪽 자비문慈悲門을 관장하는 관음보살과 함께 대세지보살은 오른쪽에서 아미타불의 지혜문智慧門을 상징한다. 세지는 자신의 지혜광명으로 이 세상의 모든 중생을 비추어 보고 삼도팔난三途八難의 고통에 떨어져 허덕이는 중생들을 구원해 준다고 한다. 신기하게도 우리나라와 일본의 불교는 둘이 합해야 부절처럼 맞는 듯하다. 이에 대한 이야기는 다음을 기약하기.

부동명왕   아스카사 세지보살

아스카데라와 신라 사이의 유물들

대미는 아스카를 대표하는 아스카절에서 빛을 발한다.

그곳에서 삼국유사에 있는 삼국통일의 역사적 결합인 유신과 춘추의 '축
구대첩'의 '축국蹴鞠'공을 발견하게 된다. 가야계 출신이라 신라 성골, 진골
보다 힘없던 김유신이 폐위된 왕 진지의 손자 김춘추와 손잡고자 여동생
문희와의 결혼외교를 펼친 세기의 전략이다. 축구를 하는 척하다가 고름

을 밟아 문희에게 꿰매라 유인하는 작전이다. 그들의 사랑과 결혼으로 춘추는 태종 무열왕이 되고 처남 김유신의 대활약으로 가장 힘없던 신라가 고구려, 백제를 아울러 통일신라가 되는 명장면.

거기에 쓰였음직한 축구공이 왜 아스카 절에 보존되고 전승되고 있는 것인가. 그저 우연일까. 신라 통일의 다빈치코드 열쇠는 어쩜 아스카에 있을지도 모르겠다. 그런데 아스카사† 앞에서 또 하나의 의미심장한 물건을 만났다.

원효의 무애박

원효의 호리병 모양 무애박으로 쓰였음직한 커다란 박이 이 절 문앞 상점에 걸려있다. 이 무슨 조화란 말인가. 무심히 가는 곳마다 이게 뭐지 짚이는 것이 있는 아스카.

그래서인지 일본인은 유적 사진 찍는 것을 결사적으로 말린다. 절에 가도 불상을 꽁꽁 싸매두고 감춰놓거나 1년이나 몇년에 한 번 공개한다느니 하는 것은 신비주의를 표방하는 이면에 필경 무슨 곡절이 있다. 그냥 한·중·일 세 나라 국경은 달라도 하나로 이어지는 문화의 국경을 인정하고 함께 연구하면 안 되는 것일까. 이 축구공과 무애박에 대한 이야기는 따로 이야기하기로 하자.

다음 시간여행은 고구려 시대 여인들이 거닐고 있는 다카마츠 고분으로 향할 것이다.

아스카, 다카마츠 고분의 담소하는
고구려 여인들

● 이 고분 벽화에 그려진 네 명의 여인들은 아스카에 살았을 터이다. 소풍이라도 하는 표정으로 어디로 가고 있을까. 도란도란 무슨 이야기를 나누고 있는 것일까. 궁금하고 또 궁금하다. 왜 고구려가 아닌 일본 천년 고도 교토 아스카에서 유유자적 거닐며 고구려의 알록달록 패션과 색동 주름치마를 자랑하고 있는 것일까. 그들의 이야기를 들으러 타임머신을 타고 날아가 보자.

다카마츠 가는 길

때는 2016년 8월 13일 아침, 한적하고 햇살이 따가운 여름 한 가운데를 거니노라니 길도 호젓하고 기분이 좋다. 무언가 정답고 익숙한 분위기, 일본이라는 다른 나라에 온 것 같지 않은 이 기분은 나만이 느끼는 것일까. 잘 정돈된 이 길을 따라 한 10여분 산책하듯 걷다 보면 멀리서도 웅장하게 보이는 특이한 모양의 고분이 나타난다.

일본 나라현 아스카촌明日香村 히라타平田에 있는 고분이다. 길이 약 18m,

높이 약 5m의 원형 고분으로, 1972년 3월에 발굴되었지만 대부분 도굴된 상태였다고 한다.

경사진 지형을 이용했기 때문인지 달팽이처럼 나선형의 모습을 연상시킨다. 오전인데 이미 더워 땀을 닦으며 올라간다. 아스카의 여름이란….

이 범상치 않은 모습의 고분 근처에는 벽화 전시관이 있다.

다카마츠 고분이 중요한 것은 일본 최초로 벽화가 고분에서 나타나서라고 한다. 사신도四神圖·일월도日月圖·성수도星宿圖·인물군상人物群像 등이 화려하게 그려져 있다. 뭐니뭐니해도 우리의 눈에는 역시 사신도와 나란히 자리잡은 여인들의 모습, 아스카 미인들이라 불리는 모습에 관심이 쏠린다.

고분벽화 여인들

아스카 다카마츠 고분 가는 길

나선형을 연상시키는 웅장한 다카마츠 고분

아스카 미인들

다시 한 번 찬찬히 그들의 모습을 들여다 보자.

맨 왼쪽 노랑 웃옷에 색동치마의 여인이 부채처럼 보이는 것을 들고 앞장서 걷는다. 두 번째 여인은 퇴색해 잘 보이지 않지만 흰색 웃옷에 짙은 초록치마를 입고 노랑옷 여인과 같은 방향으로 가고 있다.

세 번째 여인은 두 번째 여인과 같은 감청색 치마를 입고 주황색 웃옷에 막대나 악기같은 것을 들고서 네 번째 초록색 웃옷의 여인을 바라보고 서 있다. 초록색 여인과 노랑색 여인은 색동치마가 같다.

노랑과 주황여인이 든 것은 무엇에 쓰는 물건일까. 고대 최신 의상을 몸에 걸친 벽화 속 이 여인들은 단숨에 '아스카飛鳥미인'으로 불리며 이 벽화 발굴로 일본에 고고학 붐이 일었다고 한다.

인물들이 지닌 것들에 대해 찾아보니 죠우간 의식貞観儀式에서 보이는 신년 하례 의식에 시중드는 사람이 드는 물건과 일치한다고 한다. 신년 하례의식에는 해와 달, 사신의 기幡도 세워진다고 한다. 알면 알수록 신기하고 공부할 것이 많아지는 아스카 미인들…. 이들은 하늘나라로 가는 고분의 주인공과 함께 소풍이라도 가는 기분인 것일까.

벽화를 좀더 살펴보자. 사실 그려진 인물들은 총 16명이다. 청룡의 북쪽에 4인의 여인, 남쪽에 4인의 남성, 백호의 남북 양쪽에도 같은 방식으로 8인이 그려져 있다. 당나라 초기 고분벽화에 자주 보이는 일하는 여인상仕女像과도 비슷해 보인다. 또 호류지法隆寺 금당에 그려진 벽화와 연관된 무늬를 엿볼 수 있어 중국이나 한반도에서 전래된 회화 기법을 일본의 독자적 그림을 구성한 것으로 보고 있기도 하다. 그러니까 이 벽화는 7세기 말에서 8세기 초에 그려진 것임을 알 수 있고 내용은 고구려 중화진파리 고분 및 강서삼묘의 고분과도 비슷하다는 것이다.

아스카 고분의 남자 주인공

이제 고분의 주인공이 궁금해진다. 고분에 묻혀있는 사람은 40~60세의 키가 큰 남성으로 추정하고 있다. 부장품이나 벽화의 주제로 보아 왕족이나 귀족이었을 것이라 한다. 과연 누구일까. 한반도에서 건너간 고구려와 백제 중 어느 나라와 더 관계가 깊은 것일까.

앞으로 풀어나가야 할 숙제라고 하지만 일본 학계에서는 아스카 왕조의 정치적 실권자였던 백제계의 소가노 우마코인 것으로 추정하고 있고, 한국 학계에서는 다수의 고구려의 분묘 형태가 발견되는 것으로 보아 이 지방에 백제인 외에도 고구려에서 망명한 자들이 상당히 있었다고 추정한다. 가령 특히 5세기 고구려 수산리 벽화의 의상은 다카마쓰의 고분과 연관성이 깊어 보인다.

정말 수산리 벽화의 여주인공과 아스카 벽화의 색동치마와 비슷한 치마를 입고 있다. 색동이 단조로운 것은 이것이 아스카보다 2~3세기 빠른 시대인 5세기인 것을 감안해보면 이해할 수 있을 것이다.

나는 이 벽화로 보았을 때 백제보다 고구려와 가까운 주인공의 무덤이라고 느껴진다. 하기야 고구려이든 백제이든 무슨 상관이랴. 7~8세기 통일신라 시절에 한국 도래인이 지배계층으로 아스카에 살고 있었고 그들이 살아생전에 입고 쓰던 그 모습 그대로를 최대한 재현한 이 벽화가 남아 있다는 것이 중요하다.

거기서 현재 살아숨쉬고 있는 우리와 똑같이 당시의 생활상과 사람들의 이야기가 펼쳐지고 있고 그것을 전해주려는 '이야기하는 인간 Homo Narrans'의 본능을 눈치챌 수 있다는 것이 중요하다. 5세기 고구려이든 7~8세기 아스카이든 21세기 한국이든 인간은 생로병사와 희노애락을 겪었고 겪고 있는 그대로 살아 숨쉬는 모습을 전하고 싶을 뿐이다. 다카마츠 고분에 등장한 아스카의 여인들이 '언젠가 우리 후손들이 한국과 일본이라는 이름으로 살면서 우리가 담소하는 모습을 보겠지'라고 이야기하는 것은 아닐까. 21세기에 그들이 우리와 만나주는 것이 고맙고 가슴벅찰 뿐이다.

아스카, 이름만 들어도 설레고 지금도 아스카의 미인들이 한껏 성장하고 담소하며 거닐고 있는 그 곳. 언젠가 나도 슬쩍 같은 옷차림이 아니라도, 같은 마음으로 시공간을 찢고 들어가 동참하고 싶은 곳이다. 나라의 국경은 달라도 문화의 국경은 하나, 아스카가 우리를 부르고 있다.

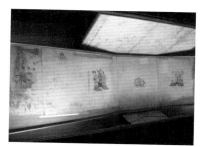

청룡과 백호를 중심으로 그려진 인물도,
천장엔 별자리 성수도

다카마츠 고분

오사카와
        아스카

일본과 일본인

어릴 때 세상에 나쁜 두 나라가 있다고 배웠으니 북한과 일본이다. 1990년 대 초 난생처음 북한 사람들을 유럽에서 만났을 때 놀라움이란…. 김일성배지를 달았을 뿐 우리랑 똑같이 생긴 데다 유럽도 올 수 있다는데 깜짝 놀랐던 것 같다. 그러나 대여섯 명씩 늘 무리를 지어 다녔다. 일본은 두말할 필요 없이 독립운동하던 애국지사들의 고생, 강점기 시절 악랄했던 소행을 듣고 자란 세대라 일본인이 짐승만도 못한 줄 알았다.

그런데 터키대학에 근무하러 갔더니 같은 층에 일본학과와 함께 한국학과가 배치되어 있었다. 당시에 혼자 여행다니는 사람이 많았던 일본여행자를 외국에서 만나면 의외로 친절하고 유용한 정보를 알려주어 새롭던 기억이 있었다. 그래서 일본은 나라라는 덩어리로 만날 때와 개인으로 만날 때 이렇게 달라지는 모양이라고 생각하게 되었다.

물론 자유여행 1세대인 나는 외국에서 생김새가 비슷하다는 데서 우선 호감도가 높아지고 우리보다 최소 10년 앞선 선진국의 문물을 경험할 때마다 묘한 이율배반적인 감정이 들곤 했음을 고백할 수밖에 없다.

결과적으로 터키에서 만난 일본인선생님들은 지금도 절친한 관계를 유지하고 있다. 함께 터키의 이방인으로 살며 동고동락하던 경험과 시간이 켜켜이 쌓여 만나면 그 시절의 화양연화를 이야기하곤 한다. 참 좋은 시절이었다.

이제 나라의 국경은 달라도 한중일 삼국이 문화의 국경은 하나라는 나의 지론에 따라 일본을 역사 문화적 측면에서 심도있게 들여다 보려고 한다. 2019년에 다시 오사카와 아스카를 다녀왔다. 거기서 깊어지고 풍성해지는 일본의 에피소드와 사건 사고를 풀어보자.

일본여행 중 일어난 해프닝 Big 3

언젠가 이렇게 글을 쓰며 여행을 하던 이 시간도 작은 역사로 기억될 것이다. 사실 이번 여행은 모처럼 호젓하게 글 쓰러 갔다가 답사여행이 되었지만 그래서 더욱 좋았다. 목표를 포기하니 찾아오는 홀가분함과 고즈넉함이라니! 젊을 때는 호기심과 모험심만으로 좌충우돌 해프닝이 많았다면 이제는 여행 30년 차여서 조심조심하면서 똑같은 실수를 안 할 줄 알았다. 하지만 세 번의 강산이 변해도 생각지 못한 소소한 사건들이 여전히 여행을 풍성하게 해준다는 사실을 이번에 알게 되었다. 먼저 생각나는 세 가지를 읊어보자.

간사이 쓰루패스를 잃어버리다

먼저 꽤 값이 나가는 일본 간사이 쓰루패스 3일짜리 패스를 제대로 써보지도 못하고 잃어버린 일. 내가 선택한 것은 3일을 무제한 장거리까지 탈 수 있는 제일 비싼 5200엔짜리 교통카드이다. 가령 기본거리 180엔으로 계산하면 3일에 무려 28번을 탈 수 있는 패스이다. 그런데 그걸 180엔만 쓰고 잃어버린 것. 연속으로 사용할 줄 알았던 그 패스는 국영철도인 JR만 빼고 마음대로 탈 수 있는 것이었는데 안타깝게도 나의 목적지는 JR만 다니는 곳. 결국 별도로 JR 460엔짜리를 끊어서 거의 왕복 천엔을 가외로 써야 했다. 할 수 없이 180엔밖에 못 쓰고 3일 중 하루를 마감하려는 순간 그 패스를 잃어버린 것이다. 어찌나 아깝던지….

그러나 그것은 시작에 불과했으니 내가 내려야 할 역을 잘못 내려 하염없이 걸어 도착하곤 왜 이렇게 멀지 했다가 그걸 그 다음날에야 알아챘다든지 하는 건 애교로 넘어가주자. 여행에서 크고 작은 분실과 착각은 수업료일 뿐. 모름지기 수업료는 비쌀수록 크게 배우는 법.

핸드폰이 자살을 시도하다

두 번째 사건 사고의 날이 왔으니 아스카에 갔을 때 핸드폰이 물 속에 빠진 것이다. 말이 핸드폰이지 그것으로 숙소예약, 카드결제, 카메라, 길찾기, 정보검색, 일본어 번역 등 모든 것을 다 하고 있었으니… 이 친구가 죽으면 당장 눈멀고 귀먹고 오도가도 못하는 신세가 된다는 사실에 충격을 받았다. '이 작은 기계에 이렇게 의존하고 있었구나' 정도가 아니라 거의 노예로 살고 있었음을 깨닫는 시간이었다.

다행히 생활방수라는 게 되어서 별일없이 여행을 계속할 수 있었다. 그러나 순간적으로 이 핸드폰이 활어처럼 살아서 미친 듯이 물속으로 뛰어드는 사건은 경험자만이 나의 말을 이해할 수 있을 것이다.

자전거에 받히다

그러나 이것도 약과에 불과했으니 여행 30년 동안 죽을 뻔한 기회가 종종 있었지만 또 처음 경험해보는 일이 도사리고 있었으니 자전거의 나라 일본에서 자전거에 받힌 일이다.

때는 한 밤중, 오밤 중에 한 번도 나가본 적이 없어 구글지도가 밤에는 그렇게 맥을 못 추는 줄도 모르고 반대방향으로 하염없이 가고 있다가 결단을 내려 택시를 잡으려 손을 든 순간, 뭔가 거대한 힘이 나를 휩싸고 지나갔다.

이게 뭐지 하는 순간 나는 비명을 지르고 땅에 엎어져 있었다. 정신을 차려 알게 된 전말은 두 남녀가 자전거 하나에 함께 타고 오다가 나를 못 보고 덮친 것이다. 두 사람의 하중이 내 왼쪽 어깨를 치고 넘어지면서 나는 팔꿈치로 땅바닥을 있는 힘껏 가격하며 쓰러졌다.

한밤중에 인적도 없는 곳에서 젊은 두 사람이 어떻게 변할지도 모르는 상황, 순간적으로 당황한 나는 어깨를 부여잡고 괜찮다고 그냥 보냈다. 나중에 듣자니 1인 자전거에 두 사람이 타는 건 불법이란다. 두 사람이 밤이라 희희낙락하며 전속력으로 달리다 그 체중을 실어 나에게 달려들었으니 어깨만 그만한 게 천만다행이라는 생각이 새록새록 들었다.

문제는 다음날 아침이었다. 전혀 어깨를 쓸 수 없을 지경으로 아픈 것이다. 마침 그날이 금요일이라 오전 진료밖에 안 한다는 지인의 문자를 받고 근처 병원에 택시를 타고 갔다. 그랬더니 그 병원은 뇌전문병원이라 응급 골절환자만 본다며 또 다른 병원을 알려주었다. 다시 택시를 타고 좀 더 큰 병원으로 갔더니 이번엔 더 큰 외국인 대상 적십자병원으로 가라는 것이다. 이미 그러느라 오전이 거의 지나가고 있었다.

나는 이들이 나를 외국인이라고 의사소통의 어려움 때문에 피하고 있다는 사실을 간파하였다. 그래서 여기서 진료 안 해주면 안 나가겠다고 버티며 도대체 너희나라 말이나 영어로 '타박상, 인대, 탈골, 압박붕대'를 말할 수 있는 외국인이 얼마나 있다고 의사소통 운운하며 진료회피를 하는가 하고 항의했다.

그랬더니 갑자기 태도가 돌변하며 나에게 영어 잘한다며 진료를 봐주겠다는 것이 아닌가. 외국에선 아니 일본에선 어줍잖았던 나의 일본어보다는 영어가 대우를 받는다는 것과, 일단 항의성 화를 내고 볼 일이라는 팁을 얻었다고나 할까. 씁쓸한 사건이지만 결론은 해피엔딩으로 끝났다. 다행히 뼈에는 이상이 없다고 10장의 X-ray사진이 증명해 주었다. 그러나 물리치료를 받고 있어도 한 달이 되어가도 왼쪽 어깨를 거의 쓰지 못하고 지냈다.

다치바나 데라 정문 앞에 밭이 펼쳐져 있다

밭이 펼쳐진 위에 지어진 다치바나 데라

성덕태자 관련 삼대 사찰

이제 이 모두를 상쇄하고 남을 내가 좋아하는 명소를 이야기해야겠다. 이번 여행 중 가장 만족도가 높은 세 곳, 베스트 3를 꼽자면 쇼토쿠태자가 태어난 귤사橘寺 다치바나 데라, 그가 죽어서 묻힌 예복사叡福寺 에이후쿠지, 그리고 뭐니뭐니해도 일본 최초의 절 아스카 데라이다.

먼저 다치바나 데라, 귤사. 3년전에 찾아간 고즈넉한 절의 2차 답사이다. 절 이름이 귤절이라니 재미있지 않은가. 우리나라는 불교 의미를 담거나 유명한 스님 이름에서 유래한 절이 많은데 우리도 그 지방에 많이 나는 과일로 '사과절, 배절, 복숭아절'하면 굉장히 유니크하고 가보고 싶은 절이 될 것 같다. 귤절은 이름도 정겹지만 평지 밭과 들판이 펼쳐진 곳에 그림처럼 들어앉아 있어 마음이 더욱 푸근하다.

특히 이번에 내가 가장 상 받은 것처럼 좋았던 점은 귤사 관음전의 여의륜 4수관음을 마음껏 찍을 수 있었던 일이다. 일본에 가서 오래된 유물이나 불교관련 문화재를 보거나 찍는 일은 정말 하늘의 별따기이다. 왜 그리 꽁꽁 싸매놓고 문을 닫아걸고 발을 치고 촬영을 엄금하는지 정말 답답하기 짝이 없다. 그래서 지금까지 문화재 보존이 잘 돼 있는 것은 고마우나 우정 그곳에 그 유물 하나 보러 갔는데 헛걸음하기 일쑤이고 볼 수 있어도 촬영금지여서 엽서나 책을 사들고 그거라도 어디냐고 나를 위로해야 하는 일이 한두 번이 아니다.

그런데 귤절은 그렇지 않았다. 지금이 겨울이고 그다지 유명한 절이 아니

굴사 관음전 사수관음

어서 그런지 1월말 오후에 간 그 절에는 오직 나뿐이었다. 심지어 앞뒷문
에서 입장료 받는 사람도 없고 대웅전 격인 쇼토쿠 '태자전' 기념품점 사
미스님이 거기서 입장료를 받고 있었다.

그러니 관음전은 그야말로 독차지. 처음엔 가슴 두근거리며 사진을 조심
스레 찍다가 동영상까지 찍었다. 슬금슬금 가까이 다가가니 아예 절에서

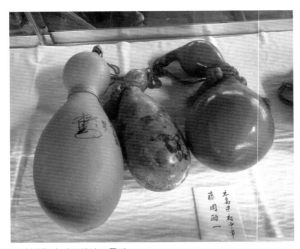

굴사 관음전 진열장의 조롱박

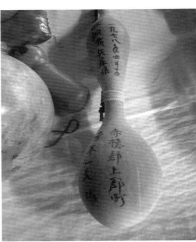

1978년 4월 10일이 기록된 박

아스카 데라에서 본 금색 축구 공

출토된 기와파편들과 오래된 책들, 그리고 원효의 무애박을 연상시키는 전승공예 호리병들 전시까지 하고 있는 것이 아닌가. 이 푸근한 우리 정서를 아스카에서만 맛볼 수 있다는 것도 놀라운 일!

앞으로 아스카의 호리병모양 박 공예장식품과 한땀한땀 바느질해 만든 수제 축구공 등 이 지역 전승 문화에 대해 좀더 공부를 해보고 싶다. 혹시 원효의 무애박이라든지 김유신과 김춘추의 축구로 인한 사돈맺기 등 신라 문화 자취의 실마리가 될 지도 모르니….

이렇게 내가 살던 곳을 떠나면 시간과 공간이 확장되고 신세계가 펼쳐진다. 잠시 다른 생에 태어난 것 같다. 그래서 나는 가끔 전생과 다음생이 사실은 따로 존재하는 것이 아니라 현생에 함께 있지 않나 하는 생각을 하게 된다. 선진국을 가면 앞으로 펼쳐질 미래세가, 개발도상국에 가면 몇십 년 전 우리 과거 모습과 정서를 고스란히 볼 수 있는 것이다.

각자 살아오고 경험한 만큼의 카르마를 이생에서 갚기도 하고 누리기도 하며 고이 간직돼 온 유물에 뭉클할때가 있다.

이번 아스카 여행에서 나는 고구려 자취의 다카마츠, 백제장인이 지은 아스카, 뜬 구름같은 신라의 편린도 보았다. 한국학 여행자의 지극한 행복이다.

다음에는 쇼토쿠태자가 지은 사천왕사와 그가 죽어서도 영원히 살아있는 현장 예복사를 답사할 것이다. 백제 도래인의 모계 후손 쇼토쿠를 좀더 깊이 만나보자.

아스카飛鳥 나는 새여,
나는 새여

호젓하고 풍성한 느낌의 아스카

이번 여행처럼 혼자 떠나서 이토록 오롯이 호젓함을 즐겨본 적이 없었다. 여행기를 쓰려고 사진을 들여다 보노라니 다시 그 홀로여서 충만하고 콧노래 흥얼거리며 아스카 들판을 걷던 시간이 떠오른다. 왠지 언젠가 살았던 것 같고 그 길을 걸었을 것만 같던 아스카 겨울의 허허벌판…. 농사가 끝난 빈 들녘이지만 비어서 햇살이 가득 내려앉고 저 멀리까지 아스라이 손이 뻗칠 것 같던 '아스카 무라村'는 잊을 수 없을 것 같다.

아스카의 뜻

아스카는 비조飛鳥라고 쓴다. 정말 아스카 답사 닷새째 마지막 날 석양에 구름이 비조, 날아가는 새 모양으로 내 카메라에 잡혔다. 그 신비함이란….
백석의 시처럼 '내가 나타샤를 사랑해서 눈이 푹푹 내리는 날'이 아니라 '내가 아스카를 사랑해서 햇빛이 빗살무늬로 내리쪼이던 날' 당나귀도 없

이 두 발로 온종일 뚜벅뚜벅 걷다가 다리쉼을 하고 있자니 나에게 날아
든 커다란 새 한 마리, 바로 아스카였다.

날아오는 새로 다가온 아스카에 대하여 좀 더 자세히 알아보자. 아스카
에 대한 표기는 안숙安宿, 명일향촌明日鄉村, 明日香村 등 여러 가지이다. 어원도
여러 가지 설이 있지만 고구려 수도 '아사달'의 '아사'와 '아스'가 아침이라
는 뜻으로 비슷하다는 설, 그야말로 편안히 쉴 수 있다는 안숙安宿, 안수
가安須可라는 의미, 아침이 열린다는 말로 '날 비飛'와 '새 조鳥' '날이 샌다'는
뜻으로 '새날이 밝아 아스카飛鳥'라는 뜻 등이 전해온다.

오사카와 나아 두 곳의 아스카

그리고 이번에 가서 새로 알게 된 아스카. 그곳은 초기 도래인이 살던 오사카 가와치의 '가까운 아스카Chikai Asuka'인데 사람들이 넘쳐나자 우리가 알고 있는 또 다른 나라현의 아스카로 이동해 '먼 아스카Tooi Asuka'라고 불렀다는 것이다. 그러니까 아스카는 현재 오사카현과 나라현 두 군데에 있는 것이다. 바로 그 '가까운 아스카'에 성덕태자의 묘소를 돌보는 '예복사'가 있고, 우리가 흔히 말하는 나라현의 '먼 아스카'에 백제인이 만든 '아스카데라'와 고구려 여인 복식이 특징인 '다카마츠[高松] 고분'이 있다. 우리가 말하는 먼 아스카를 보통 아스카라고 부른다.

아스카의 역사

아스카 일대는 4세기, 5세기부터 삼한의 신라와 백제가 끝없이 벌이는 전란을 피해 일본으로 건너간 한민족들이 집단으로 정착한 곳이라고 전해진다. 아스카의 정치는 신라, 백제, 고구려, 당나라가 복잡하게 얽혀 7세기 동북아시아 국제정치의 역학관계를 반영하는데 특히 신라계와 백제계가 치열한 권력투쟁을 벌인 사실[史實]이 더욱 흥미롭다. 그때의 역사를 간단히 살펴보자.

일본의 역사를 보통 '아스카'로부터 시작된다고 한다. 시기적으로 538년부터 645년까지, 지리적으로 지금의 나라현 명일향촌[明日香村] 일대를 일컫는 아스카는 그 시대 '정치·문화의 중심지역'이기도 하다. 지금으로부터 1,400여 년전 아스카의 이카루카[斑鳩] 나라 지역은 외부 문화가 곧바로 들어오는 관문이었다.

스이코^{推古}왕 9년(601)에 성덕태자는 여기에 궁궐을 짓고 적극적인 대외정책을 펼쳤으며, 당시 가장 선진적인 불교 문화도 이곳에서 꽃을 피웠다. "현존 세계 최고^{最古} 목조건축"인 법륭사가 이카루카 평원에 자리 잡고 있는 것도 이와 관련이 있음은 물론이다.

백제 8대 성씨의 하나인 목^木씨 출신인 소가 일족 이나메^{稻目}가 둘째 딸을 국왕 긴메이^{欽明}에게 시집보내면서 실권을 잡기 시작했다. 소가 일족의 권력은 증손자 이루카^{入鹿}까지 4대 동안 이어진다.

재상 이루카는 고교쿠^{皇極}여왕을 아예 정부^{情婦}로 삼고 마음 내키는 대로 여왕의 침전을 드나들었다. 645년 여왕의 아들 나카노 오에노미코^{中大兄皇子}는 이루카를 죽이고 쿠데타를 일으켰다. 그것이 고대 일본에서 가장 큰 정변의 하나인 대화개신^{大化改新}이다. 나카노 오에는 백제와 가까운 인물이라 표면적으로 대화개신은 친백제 쿠데타같이 보인다.

그러나 그때는 신라와 당나라의 밀월 시대이다. 쿠데타세력은 고토쿠^{孝德}를 왕으로 옹립하고 다카무쿠와 민을 구니노하카세^{國博士}에 임명했다. 두 사람은 중국과 신라에서 견문한 선진문물을 토대로 개혁의 청사진을 나카노오에에게 제공했다. 일본의 외교정책은 나카노오에-가마타리의 친백제 노선과 다카무쿠-민의 친신라 노선이 대립할 수밖에 없었다. 결국 야마토 조정의 친신라 진영은 곧 붕괴하고 만다.

아스카는 알고 보면 이렇게 복잡다단한 삼국시대의 인물들이 각축을 벌인 치열한 역사의 현장이다. 그리고 이제 이렇게 무심한 듯 한가로운 농촌의 얼굴을 하고 있는 것이다.

덴무천황릉 가는 길을 알려 준 초등학교 꼬맹이들

그렇게 7세기는 고쿄쿠(사이메이천황)의 아들 덴무천황과 그의 부인 지통천황이 즉위하며 중앙집권제와 율령제의 나라가 된다. 아스카에 남아 있는 그 둘을 합장한 묘에 가보기로 하였다.

관광객이 없는 겨울철이라 호젓함을 만끽하는 장점이 있는 반면 정작 길을 찾거나 이정표가 없을 때 물어 볼 사람을 찾기가 어려운 단점이 있었다. 덴무천황릉이 바로 그러하였다. 버스 정거장에 내렸지만 근처에서 찾기가 어려웠다. 부부의 묘소는 사실 국도의 길 건너 산등성이에 있었다. 설마 길을 건너랴 싶어 근처를 배회하는 중에 마침 초등학교에서 하교하는 친구들을 만났다. 이 작은 시골 마을에 초·중·고가 다 있다는 것이 우리나라 지방과 비교할 때 신기하였다. 그만큼 인구가 도시로 집중되지 않고 농촌 작은 마을이라도 도시 이상의 교육이나 환경이 쾌적하다는 뜻으로 볼 수 있을 것 같다.

어디서나 꼬마들은 호기심 천국인 데다 친절하기까지 하다. 내가 어쭙잖은 일본어실력으로 왕릉 가는 길을 물어보니 대뜸 '홋카이도에서 왔어요?' 하고 묻는다. 웬 홋카이도? '아니 나는 한국에서 왔는데요' 하니 '와! 니혼고가 우마이데스' 라 한다. 일본어를 아주 잘한다는 표현이란다. 내가 아는 '우마이'는 그동안 '맛있다' 밖에 없었는데 새 어휘를 배운 것도 좋았지만 잠시 기분이 우쭐하였다. 꼬맹이들이지만 본토 네이티브에게 칭찬을 듣다니…. 병아리들처럼 귀여운 노랑 모자를 쓴 친구들이 아주 귀여웠다. 함께 길을 건너고 찾아보았으나 차도 끊길 시간이고 날도 저물어 다음날 다시 가서 찾은 천무천황과 지통천황 묘. 신기하게 우리나라 왕릉과는

덴문천황릉 가는 길을 알려 준 초등학교 꼬맹이들

판이하게 달랐다. 일단 봉분이 없다. 그저 돌로 된 도리이를 세워놓고 합
장묘라고 써놓은 것이 전부였다. 약간 싱겁기도 했지만 티끌 하나없이 정
갈한 묘소 정리에는 감탄을 금치 못하였다. 그리고 꾸준히 참배하는 사
람들이 이어지고 있다는 사실이 또한 놀라웠다.

이렇게 아스카에는 7세기 일본에서 고구려 · 백제 · 신라 · 당나라가 축소
판을 이루며 힘겨루기를 하고 중앙집권의 나라 체제를 이뤄가며 불교를
받아들이고 있었다.

다음에는 성덕태자의 사천왕사와 예복사가 얼마나 아름답고 감명 깊은
절이었는지 예복사 가는 길과 그곳에서 만난 삼총사 할머니들의 친절을
들려 드리려고 한다. 역사 속을 거닐며 우리도 언젠가 후인들의 역사가
될 날을 즐겁게 경건하게 기다려보자.

광덕산 서운사 진광원 절 안

백제의 후예 성덕태자
그가 세운 오사카 사천왕사

성덕태자와의 시절인연

어쩌면 쇼토쿠태자와 전생부터 만나기로 한 건 아닐까… 수차례 일본 여행 중 우리 말로 성덕聖德이요, 일본 발음으로 쇼토쿠인 태자를 주제로 태어난 곳과 활동한 곳, 그리고 죽어서 묻힌 곳까지 답사를 하게 된 것은 운명이라고 할 밖에…. 우리는 앞의 이야기에서 성덕태자가 태어난 귤사의 4수관음과 원효의 무애박처럼 생긴 조롱박이 있는 관음당과 태자전을 둘러 보았다.

성덕태자, 우리에게 익숙한 7세기 전후 아스카시대의 걸출한 인물이 백제의 후예인 줄 최근에서야 알았다. 스이코천황은 소가노 우마코의 조카인데 백제 도래인의 후손이라는 것이다. 그녀의 왕위를 계승하고 섭정하였던 성덕태자는 또한 스이코 천황의 조카였다. 백제 도래인 3대가 불교를 받아들여서 아스카사를 백제 장인들이 짓고 완공식 날 이 셋을 위시한 100여 명이 백제 옷을 입는 장관이 연출되었다고 기록에 전한다. 타임머신이 있다면 나는 7세기로 꼭 한번 가보고 싶다.

원효, 의상, 김춘추, 김유신, 선덕과 선화 자매, 그리고 쇼토쿠태자까지 한 세기를 호령하던 인물들이 서로서로 손잡고 있을 것만 같다. 그래서인지 왠지 모르게 오랫동안 짝사랑해온 아스카를 걷고 걸으며 시나브로 알게 된 아스카 역사와 그 중심의 성덕태자가 에사롭지 않다.

그는 일본에 불교를 중흥시킨 인물로 일본의 석가모니 또는 우리나라 세종대왕쯤으로 추앙되며 일본의 태자신앙을 이끌고 있기도 하다. 일본에서 태자太子는 꼭 왕자가 아니더라도 왕위 계승자일 때도 쓰인다. 쇼토쿠태자의 본명은 우마야도인데, 태자가 마구간 앞에서 태어났다는 설과 작은 아버지인 소가노 우마코의 집에서 태어났기 때문이라는 설이 있다. 가장 널리 알려진 호칭인 성덕聖德은 태자가 불법을 널리 알리고 선양했기 때문에 그가 죽은 후에 붙여진 것이다.

이제 태자의 한창 시절에 지은 법륭사와 사천왕사, 그리고 묘소가 있다고 비정되는 예복사(에이후쿠지)를 중심으로 여행할 것이다. 법륭사와 백제관음은 다음 장에 소회를 피력하기로 하고 이제 사천왕사로 출발해보자.

길치어서 제격인 여행가의 길

나는 지독한 길치이다. 오죽하면 터키에 살 때도 다섯 살짜리 딸이 항상 앞장을 섰겠는가. 스무살이 넘어 유학을 가면서 오직 하나, '우리 엄마 길 잃어버릴까 봐 걱정이야' 하고 떠났다. 그후 보란 듯이 번번이 길치의 역사를 쓰며 여행가의 길을 꿋꿋이 가고 있다.

그나마 요즘은 길 찾기 앱으로 어찌어찌 신기술을 터득해 다니고 있지만

광덕산 서운사 진광원 절 안

호국산 허공장보살 모신 전각

그렇다고 해서 길을 잃지 않을까 보냐. 일단 나는 직진 본능이 있다. 목표물과 비슷하다 생각되면 직진하고 본다. 보통 다시 유턴을 해야 한다. 사천왕사 가는 길도 그러하였다. 그래서 뜻밖에 횡재를 하는 경우가 많다. 길찾기 달인이라면 만날 수 없는 의외의 절들을 무수히 구경할 수 있는 기회가 생긴 덕분이다.

한마디로 사천왕사 근처는 각종 다양한 종파의 절이 즐비하였다. 도라에몽 지장보살을 모셔놓은 절이 있는가 하면 밀교에서나 나올 법한 허공장보살을 모신 절도 있었다.

'사천왕사 왔소' 마츠리의 무대 사천왕사

시텐노지라 불리는 사천왕사四天王寺는 오사카 한복판에 있었다. 나에게 사천왕사는 예전부터 '사천왕사 왔소이'라는 마츠리(축제)로 유명해 꼭 한번 가보고 싶었는데 소원을 이뤘다. 고대에서 중세까지 한반도의 문화 와 문명 즉 불교와 한자, 도예, 건축, 생활양식 등을 전한 왕인 박사를 비 롯해 탐라, 가야, 백제, 고구려, 신라, 조선 등에서 도래한 사람들의 수행 행렬과 사절단을 맞이하는 가장행렬이다. 1,000여 명의 참가자들이 오 사카 시내를 가로질러 사천왕사에 이르는 동안 길가의 수많은 인파는 우 리말 '왔소'에서 비롯된 말인 '왔쇼이, 왔쇼이'를 외친다고 한다. 언젠가 꼭 참가해보고 싶은 일본 축제이다.

아무튼 현재의 사천왕사가 있는 마을은 신라시대 헌강왕 시절에 절집의 기와가 기러기 줄처럼 나란하였다는 '삼국유사'의 구절이 떠오르며 그때 모습이 오버랩되어 코끝이 찡해지는 기분이었다.

길을 헤매다 찾아간 사천왕사 또한 하나의 작은 동네를 이루고 있었는데 꽤 넓은 가족묘역과 화원을 지나니 새로 지은 5중보탑이 보인다. 그리고 이름이 묘한 '육시례찬당六時礼讃堂'도 있다. 그 앞의 연못을 지나면 우리와 는 전혀 다르게 생긴 종루에서 자동으로 종이 쳐서 종소리가 난다.

이 절을 짓고 불교의 중흥조가 된 성덕태자는 고구려 혜자와 백제의 혜총 스님으로부터 일본 최초의 절 법흥사法興寺(593년 나중에 아스카사)에서 불교를 배웠다고 한다. 일본에는 538년 불교가 전래되어 공인되긴 하였 으나 토착 종교인 신도神道가 성행하였고, 유교도 생활 규범으로 자리 잡아 태자는 이들을 융합한 일본 불교를 자리잡도록 하는데 지대한 공헌을 하였다. 불교를 포교하기 위하여 사재를 털어 법륭사法隆寺를 지었고, 17조 헌법을 만들어 삼보를 공경할 것을 명하고 선악의 도리로 불교를 채택하였다는 것이다.

벤치마킹하고 싶은 사천왕사 휴게소

사천왕사를 소요하며 더욱 마음에 들었던 것은 찾아오는 불자들을 위한 휴게소가 넓고 쾌적하다는 것이다. 거기서 사람들은 쉬기도 하고 가져온 도시락이나 과일을 먹기도 한다. 매점이나 가게는 없고 자판기 정도 있는 것 같다.

내가 책도 보며 다리쉼을 하며 혼자 앉아 있자니 역시 혼자 온 할머니들이 옆자리에 앉아도 되냐고 물어보시곤 귤을 나눠주기도 하고 어디서 왔냐고 물어보기도 한다. 한국에서 왔다고 하니 깜짝 놀라며 일본말을 잘한다고 연신 칭찬. 더 이상 물어보면 대답할 수 없는 나의 일본어 실력에도 불구하고 자기네도 잘 안 다니는 역사유적을 답사한다니 기특해 보였나 보다.

한 할머니는 일본 사찰 순례 종이를 고이 접었다가 보여주면서 사천왕사 순례까지의 이야기를 해주시는데 잘 알아들을 수가 없었다. 그러나 티비에서 '산티아고 가는 길'처럼 수십 개의 절을 순례하는 다큐멘터리를 본 기억이 있어 미루어 짐작할 수 있었다.

일본 할머니와 할아버지는 이렇게 홀로이 씩씩하게 순례와 답사를 다닌

지하철역 사천왕사역 광고 간판

다. 아스카에서도 겨울이고 비수기인데도 꼭 앞서거니 뒤서거니 유적지를 찾아가다 만나는 사람은 할아버지이거나 할머니가 많았다. 우리보다 앞서 노령화가 된 일본에서 살아남는 법을 엿본다고 할까, 내 인생의 롤모델을 만난다고 할까. 그들은 검소했고 최소한의 짐을 지고 집에서 만든 도시락을 먹으며 남에게 폐 끼치지 않고 자신의 관심사를 향하여 한 걸음 한 걸음 걸어가고 있었다. 마치 '좀머씨 이야기'에 나오는 좀머씨같이 걷고 또 걸으며….

사천왕사 휴게소에서 만난 다른 할머니는 내가 성덕태자 묻힌 예복사에 갈 예정이라고 하니 우정 알 만한 사람들을 찾아 여기저기 물어봐 주기까지 하셨다. 옆의 아저씨가 잘 모르자 휴게소 안내 자원봉사 할아버지를 모시고 와서 지도까지 그려주게 하셨다.

젊을 때 나는 일명 '시아버짓감'들에게 제법 인기가 좋았는데 나이 드니 할머니한테 인기가 폭발이다. 일본에서는 말벗해주는 문화가 없어서 그런가…. 우리나라에서는 전철 옆자리에만 앉아도 수십 년 만난 듯이 이런저런 이야기를 나누며 가는데 말이다.

《일본서기》에 보면 소가 씨와 모노노베 씨의 전투에서 소가 씨에 가담했던 쇼토쿠 태자가 "승리하게 해주시면 사천왕을 안치할 사원을 짓겠다"는 서원을 세웠고, 실제로 전투에서 이긴 뒤에 셋쓰의 나니와에 스이코 천황 원년인 593년에 이 절을 지었다고 한다. 이렇게 성덕태자의 전성기를 구가한 이 절을 뒤로 하고 이제 그가 잠든 예복사로 떠나보자.

예복사 보탑

백제의 후예 성덕태자, 그가 묻힌 곳 예복사叡福寺

비싼 수업료 내고 쇼토쿠태자가 잠든 에이후쿠지叡福寺를 만나다

예복사로 가는 길은 멀고 험했다. 한자에 약한 길찾기 앱에 속아 동음이 의어 에이후쿠지 영복사永福寺를 아침부터 찾아나서 한 나절을 헤매다가 비싼 간사이스루패쓰를 잃어버리는 의식을 치르고서야 알현할 수 있었 다. 그래도 엉뚱한 곳에서 만나게 된 아사히 맥주회사에서 만든 근대 미술관을 구경할 수 있어서 좋았다. 길치라서 만나는 행복 2탄이라고 해 두자.

그렇게 애써서 찾아 간 예복사, 에이후쿠지역에서 30분 거리라고 했지만 거의 한 시간은 걸은 것 같다. 오전에 예정에 없던 아사히 미술관과 영복 사를 가느라 어느덧 일몰이 가까운 시간에 도착한 쇼토쿠태자가 묻힌 곳. 이곳도 역시 장례묘역으로 유명한 일본문화를 볼 수 있는 곳이다. 이 토록 고즈넉하고 아름다운 절을 본 적이 있던가…. 누군가 이 시간에 만 나도록 예비해 놓은 느낌. 드넓었다고 느낀 데에는 거의 인적이 없었던 것 도 한 몫을 했다.

에이후쿠지 동음이의 영복사 신사

가까운 아스카라고 불리는 오사카 근교의 기장산 예복사, 이 절의 서쪽 가람은 문을 닫아 미처 만나지 못해 언젠가 다시 가고 싶다. 마을 이름이 '가미[神]노 타이시[太子]'라고 한다. 어느덧 신이 된 태자의 마을에 간 것이다. 멋지지 않은가. 죽어서 신이 된 태자가 사는 마을.

여기서도 스님은 볼 수 없었다. 일본에서는 절에 가서 스님 뵙기가 쉽지 않다. 그래도 운좋게 사천왕사에서는 줄지어 가는 스님의 행렬을 볼 수 있었는데 말이다.

불심이 깊었던 쇼토쿠 태자가 추구했던 불교는 현세의 이익을 추구하거나 호국불교가 아닌, 인간 개인의 내면적·정신적인 성찰을 이끌어내는 불교였다. 쇼토쿠 태자는 스이코 천황 30년(622년)에 49세의 나이로 이카루가 궁에서 임종을 맞았다. 스이코 여황제의 뒤를 이으려다 그보다 먼저 세상을 떠났다. 그가 죽은 후 사람들은 그를 '일본의 석가모니'로 추앙하는 등 태자 신앙을 만들었다.

그러나 다른 한편에서『일본서기』에서는 쇼토쿠 태자상(像)을 허구로 보기도 한다. 다이카 개신 이후 중국의 황제에 비견되는 천황상을 만드는 것이 중요한 과제로 떠올랐다. 중국에서 황제는 정치·문화·사회의 모든 면에서 유일하고 절대적인 권력자이다. 그러나 이러한 인물은 과거 일본 역사에는 존재하지 않았고 그 후에도 등장하지 않았다. 이로 인해『일본서기』편찬자들은 황족 중 한 사람을 선택하여 이상적인 인물을 만들 필요가 있었다. 이렇게 해서 나온 것이 우마야도 왕이며, 그 결과 탄생한 것이 쇼토쿠 태자라는 것이다.

이것이 사실이면 어떻고 허구이면 어떠랴. 당시 사람들이 간절히 바라고 그것을 이뤄줄 누군가가 필요했다는 것이 중요하다. 국수주의자는 아니지만 그것이 선진문화를 전해준 백제의 도래인이었고 그 후손들이 아스카문화를 이루어냈다는 것이 흔흔하다.

일본 문화청 장관이 한국의 고대 문화에 대하여 형같고 누나같다고 칭한 뉴스를 보았다. 서로가 서로의 문화와 교류를 인정하는 일에 성덕태자 같은 인물이 있어 얼마나 다행인가. 언젠가 '사천왕사 왓소' 마츠리를 한·일이 함께할 수 있는 계기가 이 글로 일조할 수 있기를 빈다.

아사히맥주 오야마자키 빌라 미술관

성덕태자의 묘라고 쓰인 '성덕묘' 현판이 걸려 있다

성덕태자의 묘

교토 호류지法隆寺의
　　　　슬픈 백제 관음

● 교토 호류지(법륭사)에서 백제 관음을 처음
본건 1996년이나 1997년쯤이었다. 그냥 수많은 불상들 중의 하나로 마
당 있는 전각 아래 햇빛과 비도 들이치고 바람을 맞으며 서있었다. 나는
그곳에서 난생처음 신기한 체험을 하였다. 지나가다 섬세한 손가락에 이
끌려 그저 5분 정도를 바라본 것 같았는데 한 시간이 훌쩍 지나버린 그야
말로 시간의 축지법, 타임 슬립을 경험하게 된 것이다. 그때의 심정은 이
러하였다.

내 인생에
이토록 매력적인 관음을
본 일이 없다.

법륭사 어느 전각 회랑.
줄줄이 서있던 불상들 속에서
호리호리 날씬한 자태로

신비한 미소를 머금은 채
그대의 섬세한 손짓 하나
넌지시 나를 사로잡았다

상쾌한 바람
하늘의 뭉게구름과 벗하며
기분이 좋았던 것일까
그대의 눈은 웃고 있었다

살아 움직일 듯 손가락 마디
정병을 놓칠듯 가볍게 들고
보관과 법의자락 날리며
함께 거닐자 부르던 눈빛
나 그렇게 그대를 따라
한 시간을 소요하였나보다

어쩌면
아주 옛날 전생부터
알던 사이였던가
우리

그동안 각자 인연따라
시간의 수레바퀴 굴리다
어느 날 아무 시에

백제 관음 조선일보

이렇듯 우연처럼
조우하기로 하였던가
우리
우주의 시간과 공간
20세기 어느 날 교토였던가
우리

한 시간의 해후
다시 만날 기약없이
그렇게 헤어진 그대
돌아와서도 먹먹하게
오래오래 마음에 남았던
나의 백제 관음

운명적인 백제관음

이러한 예사롭지 않은 느낌은 비단 나만의 감정만은 아니었던가 보다. 많은 사람들이 이미 이 신비의 백제 관음을 만나고 영혼에 천둥번개가 친 감흥이 넘쳐났다.

앙드레 말로는 일본이 지진으로 침몰하면 백제 관음만 건져내 가져가고 싶다고 하지를 않나, 일본 평론가 가메이 가쓰이치로(龜井勝一郎)는 '백제 관음 앞에 서는 찰나, 심연을 헤매는 것 같은 불가사의한 선율이 되살아나왔다'고 하였다.

백제 관음의 왼손에 들린 정병 조선일보

유홍준은 '나의 문화유산답사기'에서 이렇게 갈파하였다. "거룩하고 우아하고 어여쁜 몸매에 잔잔한 미소를 머금은 아리따운 얼굴, 거기에 왼손으로는 정병을 가볍게 들고 오른손은 앞으로 가만히 내밀고서 천 자락을 살포시 발 아래까지 내려뜨린 채 먼 데를 바라보고 있는 모습을 보면 '아아 아름다워라, 백제 관음이여'라는 탄성 외에는 아무 말도 할 수 없다."

술사러 가는 보살

또한 영국의 대영 박물관과 도쿄 국립 박물관은 백제 관음상의 모조품을 만들어 전시하고 있을 정도로 백제 관음은 '동양의 비너스'로 세계적 인기가 대단했다. 무엇보다 일본 사람들은 백제 관음 왼손에 들린 정병을 보고 '술사러 가는 보살'이란 애칭으로 부르고 있었다. 정말 120% 공감가는 표현! 그토록 백제 관음은 보는 사람으로 하여금 자신조차 잊고 있던 잠재된 의식을 일깨우는 힘을 가지고 있었다.

그렇다면 백제 관음의 이력서를 살펴보자. 7세기 아스카 시대에 만들어진 백제 관음은 높이 209.4cm에 달하는 팔등신의 채색한 관음상으로 백제의 귀화인이 만든 것으로 추정되고 있다. 그리하여 백제 관음상이라 이름 지어졌다고 한다. 다른 한편 '구다라관음'이라 불리기도 하는데 홍윤식 교수는 구전된 명칭이나 호류지 고문서 연구를 볼 때 7세기 초 백제가 보낸 불상이라고 보기도 한다.

희고 부드러운 얼굴과 눈썹의 선, 입가에 머금은 미소. 머리에 드리운 보관寶冠 그리고 두 발을 딛고 선 연화대의 섬세한 문양과 불꽃무늬광배를 뒤로 한 채 정병을 들고 고고한 자태로 빛나고 있다.

슬픈 백제관음

정신없이 바삐 살다가 몇 년 후 두 번째 그를 만나러 간 날, 나는 경악하고 말았다. 나의 백제 관음이 보호라는 미명하에 철옹성같은 전각 속 유리 상자 감옥에 갇혀 울먹이고 있었다.

다시 만난 백제 관음의 모습에 난 가슴이 메었다. 그는 더 이상 기분 좋은 바람을 느끼면서 휘파람불며 나에게 서글서글 눈짓하는 백제 관음이 아니었다. 남루하기 그지없고 가엾기 짝이 없는 모습, 동물원 우리에 갇힌 애절한 표정으로 서있었다. 자세히 보려 할수록 유리막에 가려져 볼 수도 보이지도 않았다. 그날의 일기는 이러했다.

> 법륭사 새로 지은 대보장원
>
> 그대 백제 관음
>
> 유리에 얼비쳐
>
> 우는 듯 눈을 감은 듯
>
> 왼손 정병은 떨어질듯 위태롭고
>
> 오른손은 애걸하는 듯
>
> 맙소사
>
> 나의 슬픈 백제 관음!

그가

국보라는 이름으로 갇혀있다

'국가의 물건' 따위로 치부하는 이

누구인가

백제 관음 백제 관음

그를

어찌할거나

나의 안절부절 거동이 수상했던지 대보장원 두 노인 지킴이는 나를 전담 마크하며 감시의 눈을 늦추지 않았다. 그때 유리창을 부수고 타임머신을 대기시켜야 했다.

나의 백제 관음, 전생 현생 어디쯤 언제라도 함께 거닐고 싶던 나의 든든하고 기분좋은 '키다리아저씨'가 1998년 법륭사 새로 지은 '대보장원'에 전리품으로 사로잡혀 있다. 큰 보물창고라는 '대보장원' 이름에 맞춰 '큰 보배 물건'으로 구겨져 있었다.

도대체 왜…. 나는 일본의 문화재 보존과 관리 정책에 대하여 문외한이다. 디지털시대에 들어서면서 유럽을 위시한 어느 박물관이나 미술관에서도 플래시를 터뜨리지 않는 한 촬영이 허용되고 마음껏 가까이에서 관람할 수 있다. 그러나 유독 일본은 촬영제한이 여전히 엄격하고 모든 관람객이 감시자 역할을 자처하는 느낌을 받을 때가 많다.

절에 모셔진 불상이나 문화재들도 정해진 시간, 정해진 기간에만 개방을 하는 경우를 많이 보아왔다. 그들의 문화재를 지키고 간수하는 노력은 존중하지만 우정 문화재를 만나러 간 사람들은 답답한 마음을 금할 길 없다.

특히 백제 관음에 관한한 나는 감히 이 보존방식에 결단코 반대한다. 삼십대 중반 난생처음 느낀 백제 관음과의 신비한 교감으로부터 나의 교토 사랑이 시작되었다. 관광객에서 불교학자로 정진하면서 일본의 불교문화 유적을 좋아하게 되었고 교토에서 살아보고 싶어졌다. 일본은 그저 자국을 좋아하게 된 외국 팬 하나를 잃은 것에 지나지 않을까. 일본 문화의 쇄국화는 시대를 역행하고 모든 정보를 공유하는 21세기 세상과 등지는 일이다.

교토는 정말 언젠가 1년 이상 소요하고 해찰부리며 휘적휘적 살아보고 싶은 또 다른 고향같은 곳이다. 그곳에는 아스카의 여인들이 담소하며 담장을 돌아 나올 것만 같고 백제 관음이 싱그러운 미소를 날리며 술 한 병 받으러 가자고 눈짓할 것같은 도시이기 때문이다. 또 철학자의 길을 걷다 만나는 영관당의 돌아보는 부처에서 원효를 만날 수 있기 때문이다. 나에게 교토란 아득한 전생을 일깨워 현생의 나를 웅숭깊게 들여다보는 신비의 문이다. 이 작은 필설의 외침이 도도한 파도가 되어 우리의 백제 관음을 구해내고 싶다.

타이완,
여생을 보내고 싶은 곳

타이완의 추억

2018년 6월 세 번째 '타이완'에 다녀왔다. 우리 세대에게는 '대만'이 더 익숙한 이름이다. 나의 첫 번째 해외여행지 인도, 네팔에 이어 1990년 10월 내 생의 두 번째로 세계여행을 하였던 곳이기도 하다.

당시 친구가 타이뻬이에서 유학생활을 하고 있던 터라 대학동창 몇과 10박 11일 일주를 하였다. 두 번째 갔던 타이완은 2013년 십대 딸과 함께였다. 타이뻬이만 오롯이 다녀온 추억도 쏠쏠하였다. 그리고 세번 째 2019년 타이완 사찰 순례를 불교여성개발원 불자들과 가게 되었다.

내 경험에 의하면 어디든 세 번은 가봐야 그곳을 어느 정도 알게 되는 것 같다. 첫 여행에서는 공항에 내리자마자 뭔가 들큰하고 지금까지 맡아본 적이 없는 향신료 냄새가 강렬하게 인상에 남았다. 인간에게 제일 오래가는 오감의 기억은 후각이라는 말을 들은 적이 있다. 어느 나라든지 우리는 그곳의 공기와 냄새를 제일 먼저 조우하게 된다. 그제서야 그 나라가 뇌리에 각인이 되는 것이다.

타이뻬이 도교사원 용산사

작지만 대국적 마인드

타이완은 우리나라 경상남·북도 남짓한 크기지만 웅장한 대리석산이나 남쪽 컨딩의 바다와 접해있는 자연공원 규모를 보면 대륙적인 면모에 압도된다. 1990년 당시를 기억해보면 우리나라에 귀했던 바나나가 지천이었던 것과 호박씨나 해바라기씨를 아무데서나 먹고 껍질을 온통 버스 바닥이든 길 바닥이든 버리는 모습에 아연했던 것이 떠오른다.

2013년 신뻬이토우
노천온천 입구

타이뻬이 신뻬이토우
노천온천이 있는 동네

물론 우리보다 선진화 되어있었다. 근교에 있는 지룽의 기암괴석도 신기했다. 우연히 유스호스텔에서 만나 함께 동행한 대만토박이 '메이리'^(美麗) 덕분에 구석구석 여행하며 언어에 구애받지 않던 즐거운 추억도 있다. 한편 우리보다 먼저 자리잡은 '세븐일레븐, 훼미리마트' 같은 편의점이 세상 부러웠다. 무엇보다 중정박물관의 어마어마한 보물이 오래오래 잊혀지지 않았다.

그때 있었던 에피소드 하나, 지금은 너무 흔한 편의점이지만 시내 곳곳 가게 간판에 '7'이라 써놓고 가운데 'eleven'이라 써놓은 이름이 볼수록 신기하였다. 저게 무슨 뜻일까. 그 암호를 풀지 못해 친구에게 드디어 물었다.
"여기서는 '7'을 'eleven'이라 읽니?"
황당한 친구의 표정···. 당시 7시부터 11시까지 편의점을 오픈한다는 건 우리나라에선 상상할 수 없던 시절이었다.

두 번째 타이뻬이

두 번째 14년 만에 찾은 타이뻬이에서는 여생을 보내고 싶다고 느낀 동네를 발견하였다. 고1짜리 딸과의 여행이었다. 신뻬이토우^[Xinbeitou]라는 온천마을인데 동네 노천온천과 멋진 동네 도서관이 공원 한가운데 있어 이런 곳에서 만년을 보내도 좋겠다는 생각이 들었다.

20년 사이 일본보다 쾌적하고 편리해진 모습에 더 이상 호박씨 껍질이 눈에 띄지 않을 만큼 깨끗해져 깜짝 놀랐다. 일본처럼 쾌적하고 가지런히 정돈된 장점 위에 인간적인 넉넉함이 느껴진다고 할까.

여생을 보내고 싶은 세 곳

말이 나온 김에 내가 여생을 보내고 싶은 곳을 더 이야기해보자면 첫째는 히말라야 기슭이다. 인도는 네 번을 여행했는데 세 번째인 2007년에 다람살라를 중심으로 북인도 히말라야 기슭 출링이라는 곳에 갔었다. 척박하고 고산지대이고 우리보다 훨씬 못 살지만 그 가는 여정은 '나의 살던 고향'을 연상시키는 복숭아꽃, 살구꽃이 만발한 무릉도원에, 별은 주먹만 하였으며 멀리 히말라야 설산이 보였다. 물이 귀해 물 한 컵으로 양치와 세수를 하는 신공을 발휘해야 했지만 어린 꼬마가 한참을 가파른 길을 내려가 길어오는 물을 정말 함부로 쓸 수는 없었다.

또 하나는 일본 교토의 아스카이다. 한 시간마다 오는 버스 한 대로 한 시간 정도에 거의 돌아볼 수 있는 작은 마을이지만 전생의 인연이 잡아끄는 느낌의 그 마을에서 해찰부리며 느릿느릿 살아보고 싶은 꿈이 있다.

타이완의 불교

다시 타이완으로 돌아와 본론을 시작하자. 2018년 1월 미국의 사찰 순례를 떠났다. 한국 사찰을 중심으로 다녔지만, 미국에서 활발한 타이완 불광사와 자제공덕회는 정말 인상적이었다. 언젠가 본산지인 타이완 본찰을 가보겠다는 서원을 하였는데 그해 여름에 바로 성취되었다.

타이완 남쪽인 가오슝에 내려서 첫날 불광사에 머물렀다. 말이 템플스테이지 정규호텔이었고 이번에도 사찰 규모에 압도되었다. 우리나라 전통 기와집 한옥 템플스테이만 보다가 고정관념이 깨지는 기회가 되었다. 이렇게 절 안에 호텔을 지을 수도 있구나. 그것은 시작에 불과하였다. 아침 예불 시간에 깜짝 놀랐다. 사부대중이 가사 장삼을 똑같이 차려입고 일사불란하게 한 목소리로 경을 읽고 예불을 드리는 것이 아닌가. 한국에서는 꿈도 꿀 수 없는 일이었다.

이제 50년 남짓한 역사를 가진 불광사의 불사는 모두 불자들의 보시로 이루어지고 그 보시 명단이 눈에 거슬리지 않게 곳곳에 가지런히 기재되어 있었다. 어떻게 하면 이처럼 불광사 불국토가 이루어지는지 정말 궁금하다. 그래서 찾아보니 타이완 불교의 성공 코드를 지도자의 리더십과 '인간불교'의 실천이념, 투명한 사찰 운영 방식과 체계적인 신도 조직, 현대적인 교육체계와 적극적인 인재육성, 활발한 전법과 도심포교, 여성의 적극적인 참여라는 5가지로 정리하고 있다.

불광사와 더불어 타이완뿐 아니라 전 세계 구호 활동을 펼치는 '자제공덕회'는 비구니 증엄스님의 원력으로 이루어지고 있다. 아프리카 가난한 나라에 제일 많은 지원과 봉사활동을 하고 있다는 자제공덕회는 친환경을 지향하며 재활용품으로 담요를 만드는 등 앞으로 우리 한국 불교가 나아가야 할 바를 제시해주고 있다.
뿐만 아니라 '법고산사'는 불교전문 교육기관으로 유명한데 생을 마무리하고 임종과 유해 안치까지 호스피스와 임종을 돕는 환경제공에 노력을 기울이고 있다고 한다. 그 결과 '죽음의 질 지수(Quality of death index)'가 아시아 1위이다. 현재 우리로서는 부러운 부분이다.

'중태선사'는 대만불교를 대표하는 선종도량이자 수행도량으로 전 세계
에 선불교를 전파하기 위해 중점을 두고 있다. 중태선사는 미국에 7곳의
선센터를 비롯해 홍콩과 태국, 호주 등 전 세계에 100여 곳의 선센터를 운
영하며 대만불교 세계화에 앞장서고 있다.

이번에 가본 네 곳의 사찰이 대만을 세계에 알리며 짧은 역사에 비하여 큰
보폭으로 불교의 대중화를 선도하고 있었다. 우리나라의 불교역사는 어
림잡아 2천년이다. 최근 가야의 역사를 재조명하면 서기 1세기까지 올라
가니 말이다. K-Pop을 넘어 K-Classic으로 한국의 한류가 진화하고 있
는 지금 한국의 대표 종단 조계종이 이제 K-Buddhism을 선도할 때이다.
이번 기회에 한국불교가 세계를 품어 안고 어깨동무해 나아가는 타이완
불교를 모델로 또 도반으로 삼아 감소하는 불교 인구를 위한 환골 탈태
의 계기가 되었으면 좋겠다.

세 번의 시절인연으로 만난 타이완, 처음에는 우리보다 선진국의 모습으
로, 두 번째는 보다 편안하고 깨끗해진 휴식처로, 세 번째는 우리 불교의
나아갈 길을 보여주는 도반의 모습으로 내게 다가왔다. 어쩌면 나라도
인간처럼 만날 때마다 성장하는 모습에서 매력을 느끼게 되는지도 모를
일이다.
어느 날 문득 타이완을 유유자적 거닐고 있는 한국인이 있다면 그것은 나
일 것이다. 갈 때마다 다른 얼굴을 보여주는 타이완의 매력에 여러분도
새로운 모습을 찾을 수 있기를. 굿 럭!

타이완 불광산사 불타기념관 (오른쪽 다섯 번째가 나)

불광산사 대웅보전 앞에서(앞줄 왼쪽에서 두 번째)

여행하는 인간, 놀이하는 인간
Homo Viator, Homo Ludens

인도부터 아시아, 유럽 ,아프리카를 걸어 나에게로

지구는 둥그니까 앞으로 앞으로

헬싱키 대성당

헬싱키,
영화 '카모메 식당'의 무대

● 어쩌다 보니 지구를 한 바퀴 돌아보겠다는 어릴 때 꿈을 운 좋게 이룬 나는 요즘 버튼을 누르면 여행기가 나올 지경이다. 이 글을 쓰던 2018년 한 해만 해도 연초 미국 한 달, 4월에 일본, 핀란드, 6월에 타이완을 다녀왔다. 옛날로 치면 역마살 끝내준다. 2018년은 114년만의 더위라고 언론과 방송이 떠들어대서 더 더웠지만, 계절은 어김없이 찾아오고 있다. 춘하추동의 엄연함이여. 그래서 이번에는 시원하다 못해 추운 나라 산타클로스가 산다는 핀란드로 떠나보기로 한다.

헬싱키 한국학의 위상

2018년 4월에 2년에 한번씩 열리는 '유럽한국어교육자협의회(EAKLE)'가 헬싱키대학교에서 열렸다. 헬싱키대학의 위상은 본관이 대통령궁과 똑같이 생겨 궁 맞은편에 있을 정도로 위풍당당하다. 유럽의 대학들은 대체로 대학건물이 시내 곳곳에 흩어져 있다.

내가 2010년에 한국학과 교수를 하던 부다페스트의 ELTE대학교도 그러하였다. 도나우 강 이쪽 저쪽으로 인문대와 상대가 자리 잡았는데 상대는 특히 건물이 아름다웠다. 어쩌면 유럽의 다녀 본 대학의 이야기만 해도 책 한 권이 될 것 같다. 보통 유럽 대학의 역사는 수백 년이 족히 되고 학생 수만 하여도 인구대비 어마어마하다. 헬싱키대학교의 경우 1600년대에 세워지고 학생수가 3만4천명인데 비하여 전체 인구는 500만정도이다. 이 학교에서 1박2일 80여명의 한국학 관련 내외국인 교수와 학자들이 모여 열띤 발표와 토론의 축제가 펼쳐졌다. 마치 중세시대나 영화에서 봤을 법한 고색창연한 계단식 강의실과 첨단의 시청각 교재가 병행하는 북유럽스타일의 심플한 학교 내부도 구경거리다.

두 번째 핀란드

이렇게 치열했던 학회를 마치고 나는 일정을 최대한 조정하여 며칠 더 그곳 여행을 한다. 헬싱키는 1991년도 유럽 자동차 여행을 하면서 처음 왔던 곳이다. 2018년이 두 번째 방문이다. 타이완에 대해 쓸 때에도 말했던 여행 삼세번의 규칙이 있다. 언젠가 다시 한 번 가면 또 다른 모습을 보여주겠지만 핀란드는 처음에 북유럽 4개국 중 가장 임팩트가 적게 남아있던 나라였다.

노르웨이하면 떠오르는 뭉크가 그린 절규와 피요르드식 해안, 덴마크는 안데르센 고향 오덴세와 그 나라 여왕이 그렸다는 안데르센동화 속 삽화, 스웨덴은 볼보와 요즘 다시 맘마미아 영화로 뜨고 있는 그룹 아바 등

헬싱키대학교 오디토리움 발표장

지하철역과 연결된 헬싱키대학교 새 도서관 빌딩

밖에서 본 카모메 식당

카모메 식당 주인과 나, 인턴

이 강렬하게 남아있다. 반면 핀란드는 헬싱키 항구와 가까운 대성당에서 사진 찍은 것밖에 기억나지 않는다. 다만 북유럽 다른 세 나라와 달리 동양적이고 언어도 게르만어가 아니라 핀우그르어로 다르다는 것, 그래서 왠지 더 정감이 갔지만 상대적으로 가난해 보였다.

그러나 이번에 갔을 때는 다른 세 나라와 비교해도 손색이 없도록 경제적으로도 성장한 것이 눈에 들어왔다. 2016년에는 덴마크 코펜하겐대학교에서 이 EAKLE 한국학 학회가 열려 덴마크와 스웨덴을 다녀왔었다. 그들 나라보다 못 산다고 느낀 첫 번째 인상을 깨끗이 불식시켰다.

영화 카모메 식당의 무대

무엇보다 몇 년 전 인상 깊게 본 일본 영화 '카모메 식당'의 무대라고 누가 알려줘 생각 없이 보았던 영화를 다시 보았다. 그 영화 첫 장면에는 '배둘레햄' 뚱뚱한 갈매기가 나온다. 헬싱키 항구에서 보는 익숙한 풍경이다. 일본어 '카모메'는 갈매기란 뜻인데 그 뚱뚱한 갈매기가 식당의 로고이다. 헬싱키 한적한 주택가를 무대로 일본 여자가 아무도 오지 않는 일본 식당을 하며 일어나는 이야기를 그린 것인데 정말 그 영화에는 헬싱키 요소요소에 있는 명소들을 골고루 보여주고 있어 헬싱키를 가려는 사람은 꼭 한 번 보기를 추천한다.

학회 동료 선생들과 나는 두 번 카모메 식당을 찾았다. 첫날은 문을 닫아서 다음날 다시 갔더니 젊은 카페 여주인이 인턴을 가르치고 있었다. 정성스러운 차와 쿠키를 팔고 옆집은 카모메 식당으로 나란히 붙어 있었다.

헬싱키의 풍경

우리의 서울 명동번화가에 해당하는 중심지의 스토크만 백화점, 카페 알
토, 그리고 유명한 트램…. 트램하니 생각난다. 우리나라 영화 '남과 여'
도 핀란드가 배경이다. 전도연과 공유가 트램을 타고 내리는 장면도 떠
오른다. 눈내리는 설정과 자작나무가 일품인 '남과 여'도 한 번 보시기를
바란다. 내가 도착한 4월에도 헬싱키는 제법 추웠다. 가져간 패딩코트와
조끼를 아낌없이 활용하였다. 그리고 정말 중요한 핀란드를 대표하는 음
악을 놓칠 수 없다.

시벨리우스! 헬싱키는 시벨리우스 기념 공원, 음악원, 그가 다니던 카페
등 온 도시가 시벨리우스 기념관이었다. 시벨리우스는 스웨덴과 러시아
의 침략으로 고통받는 핀란드를 위한 교향곡 '핀란디아'를 작곡한 국민
영웅이다.

한 나라를 여행한다는 것은 이렇게 작은 실마리를 잡아당겨 실타래가 풀
리는 대로 그 나라와 관련된 영화, 날씨, 음악, 명소들을 섭렵하는 것이다.

유모차의 천국

그러나 헬싱키에서 무엇보다 내가 감동받은 것은 따로 있다. 그야말로
유모차 천국의 나라라는 것이다. 스토크만 백화점을 중심으로 번화가와
중앙역, 버스와 트램들이 집중되어 있는데 젊은 부부가 아이 유모차를 한
손에 끌고 한 손에는 테이크아웃 커피를 들고 가볍게 버스와 트램에 오르
내리는 모습을 흔히 볼 수 있다. 그야말로 신선한 문화 충격이다.

시벨리우스 공원 시벨리우스 조각상

시벨리우스가 다니던 카페

헬싱키 명물 트램전차

버스와 전차마다 가운데 승차부분의 설계를 노면과 닿게 해 쉽게 타고내릴 수 있게 되어 있다. 자료를 찾아보니 정말 아이에 대한 핀란드의 지원은 끝이 없다. 이러한 기본적인 사회 인프라부터 육아지원 및 무상교육은 물론 대학원 박사과정에 들어가면 나라에서 학생에게 집과 월급까지 지원해주는 시스템이었다. 어찌 아이를 낳고 싶지 않으랴.

나 또한 뒤늦게 결혼해 출산 후 앞으로 아이를 안고 뒤로 배낭을 멘 채 지하철 한 번 타기 위해 끝없는 계단을 오르내리던 기억이 있다. 그때는 엘리베이터도 거의 없고 임산부 배려석은 꿈도 못 꾸던 시절이었다. 일하느라 여기저기 아이를 맡기며 무수히 그만둘까를 고심하던 일과 육아 사이의 자책 후유증은 지금까지 이어지고 있다.

올해 한 여름, 잠을 자면서도 땀을 흘리던 기억을 우리는 곧 잊고 가을을 맞게 될 것이다. 그러나 빙하도 녹고 설산의 높이도 자꾸 낮아지는데다 출산율이 0%대에 접어들었다는 소식은 마음 한 켠에서 진심으로 지구의 종말을 걱정하게 한다. 사람으로 태어나 자연스럽게 살아가는 일. 주어진 환경을 아끼며 친화적으로 살다가 성장해서 사랑에 눈뜨고 결혼과 출산으로 이어지는 인간사 희노애락을 영위하는 삶이 왜 이토록 어려워졌단 말인가.

핀란드는 겨울이 길고 여름은 백야의 나라로 결코 기후가 좋은 나라가 아니다. 춘하추동 사계절이 다 있는 축복받은 나라에서 사람이 할 수 있는 노력으로 법과 제도, 인프라만 정비하면 우리는 그들보다 지상낙원이 될 확률이 100%이다. 외국에 나가 살아본 나는 말설고 낯설은 이국에서 매일 만세 삼창을 부르고 싶었다. 최단기간에 이만큼 잘 살게 된 우리나라, 이제 고지가 바로 저기다. '대한민국 만세, 만세, 만세'.

이스탄불 아야 소피아

터키 이스탄불에서
보내는 편지

이스탄불에서 차이를

이제 세상은 정말 좋아지고 좁아졌다. 여행기 연재를 2018년 9월 실시간 현지에서 여행 편지로 쓰고 있다. 더 이상 노트북도 필요없고 오직 핸드폰 하나로 그것이 가능한 세상이라니…. 새삼 21세기 문명과 스티브 잡스에게 감사를 표할 일이다.

터키에 처음 온 건 1994년 겨울이었다. 친구 부부가 앙카라에 살고 있어서 그 인연으로 여행을 하게 되었다. 나의 전공은 당시 훈민정음 중세국어였지만 알타이제어에 속한다는 우리말의 계통에 관심이 많았다. 터키어, 몽골어, 퉁구스(만주)어 등과 과연 관계가 얼마큼 있는지 궁금한 채로 앙카라 친구네를 베이스캠프 삼아 여행하였다.

카파도키아의 스머프들이 사는 버섯모양 집과 안탈랴의 지중해와 오렌지 가로수, 에페스의 멋진 도서관 유적, 트로이의 목마, 실크로드의 최종 목적지인 아름다운 도시 이스탄불에 매료되었다.

터키와의 운명적 만남

그리고 6년 후 2000년 카이세리 에르지예스대학교에서 한국어문학과를 만든다기에 망설임없이 선택한 터키와의 운명적 만남.

그곳에서 한국학과의 기틀을 세우고 더 많이는 이슬람의 문화를 배우는 시간이었다. 1년간은 이슬람 국가의 문화와 관습이 어떤 건지 전혀 몰라 오해와 갈등으로 미워하는 데 바쳤다면 그 후의 시간은 긍정적으로 바라보고 적응하며 하루 다섯 번 낮은 자세로 기도하는 터키인들의 신심과 선량함에 감동하는 날들이었다.

좀 더 오래 살았다면 아마 다른 외국인 교수들처럼 이슬람에 귀의했을지도 모른다. 거기서 911 테러 뉴스를, 이슬람 시각의 참상을 있는 그대로 접하고 우리가 얼마나 미국 지향적 뉴스에 맹목적인지 충격을 받은 기억. 그리고 2002년 월드컵 4강 신화에 빛나는 한-터 축구경기를 앙카라에서 함께 관전하던 추억을 마지막으로 귀국하였다.

그후 고향처럼 그리웠던 터키를 세 번 정도 더 갔다가 2018년에 다시 만났다. 늘 갔던 내 고향 카이세리 에르지예스대학교가 아니라 이번에는 오롯이 이스탄불과만 함께한 시간이었다.

이스탄불의 추억

20년 전 이스탄불에 도착해 처음 머물던 술탄아흐멧 근처 마르마라해가 보이는 유스프 파샤 호텔에 짐을 풀었다. 이맘때쯤에는 친구는 옛 친구, 집도 옛집이 좋다. 여전히 호텔이 운영되고 있었고 당시보다 깔끔해졌다.

2016년 에르지예스대학교 한국학과 교수진들과

2018년 이스탄불 유스프 파샤 호텔

카이세리에 살 때 나는 카이세리 유사 이래 최초 한국인이었고 네 살배기 딸을 데리고 온 교수여서 그 도시에서 택시 한 번 타자마자 유명해졌다. 택시운전수라면 누구나 내가 길을 알려주기도 전에 우리집에 데려다주는 소문만복래의 시절이 있었다. 몇 십 년전 우리 옛 정서와 아주 많이 닮은 도시였다. 아이의 엄마를 예우해주는 태도, 어느 도시에서나 자리를 양보 받았다. 터키는 나에게 그런 곳이다.

12시간 걸려 찾던 술탄아흐멧 서울정 식당

그러나 한국 음식이 그립거나 향수가 밀려올 때는 이스탄불까지 12시간 걸리는 밤버스를 타고 술탄아흐멧 거리 이 호텔 근처 서울식당을 친정처럼 찾곤 하였다. 그러면 그곳 여사장님은 맛있는 된장찌개를 정성껏 만들어 주시고 1년 내내 가짜 터키석만 사쟁이고 있는 나를 딱하게 여겨 단골 터키석 가게를 소개해주었다. 이번에는 이렇게 터키에 살러 왔던 그 시절 첫 만남들을 소환하는 여행이다.

그리하여 서울식당에 찾아갔더니 그분은 이즈미라는 곳에 새 한국식당을 차렸다고 아주머니 사장님이 전화를 걸어준다. 반가운 긴 통화를 마치고 여전히 터키에서 건재함에 마음이 놓인다. 만나지 못한 여운을 품고 2분 거리인 숙소로 돌아가는 길에 만단정회가 서린다. 이국땅에서 한국 식당을 하며 평생을 보내는 심정을 어찌 헤아릴까.

초저녁 마음만은 루프탑 카페에서 마르마라해를 바라보며 터키 대표 맥주 에페스를 마실까 에미뇌뉘에 가서 고등어샌드위치를 먹을까 하다가 그만 잠이 들었다. 나이가 들수록 배꼽시계와 잠시계같은 몸시계가 정직해져서 웬만해선 바뀌지 않는다.

터키도 유럽시간이라 우리나라와 6시간 시차가 나는데 이 애매한 차이가 은근 적응하기 어렵다. 우리나라 밤 9시가 터키는 새벽 3시인 것이다. 대학에 근무할 당시 우리 엄마는 시차 개념이 없으셔서 그 시간쯤엔 학교에서 집에 와 쉬고 있겠지 하며 전화를 걸곤 하셨다. 한 밤중에 걸려오는 전화라니, 온갖 상상을 하며 뛰어가 받으면 예의 '나다, 밥은 먹었니. 선재는 잘 있니'라는 엄마의 레파토리. 이제는 들을 수 없는 그리운 그 한마디.

이스탄불의 아침

첫날은 추억의 아야소피아를 거닐며 술탄아흐멧 광장을 지나 트램 세 정거장인 라렐리역에 갔다. 그곳에 위치한 이스탄불대학교 한국학과를 방문하는 공식 일정. 터키에 한국학과는 앙카라대학교, 내가 설립에 참여한 에르지예스대학교 그리고 2년전 세워진 세 번째 이스탄불대학교에 있다. 내가 처음 학과를 만들 때의 어려움을 알기에 경험을 나누고 밥 한 끼 함께하는 것이 이번 일정의 큰 몫을 차지한다.

천천히 길을 가며 눈닿는 곳마다 인사를 하였다. '아아 그리웠어. 트람바이tramvay, 수많은 모스크(자미)와 첨탑(미나레)들. 잘 있었니. 실크로드의 종착역 이스탄불 그랜드 바자르(카팔르 차르시)여, 마르마라해여.

이스탄불 트람바이 역의 트램

보스프러스 다리여.'

눈들어 하늘보면 터키석이라 불리는 튀르크 아즈 푸른색이 가득하고 햇빛은 찬란하다. 아, 이런 곳이 터키였었지.

늘 일에 쫓기고 시간이 빠듯해 한 번도 여유롭게 거닐지 못했던 오스만 터키 대제국의 골목을 걷는다. 특징적인 목조 주택과 '소칵'이라 불리는 골목길을 걷다 보면 전생의 어느 한 시절 이곳을 거닐었던 것만 같다. 이 밀려오는 역 노스탤지어가 새삼 신기해….

떠오르는 2001년 어느 때인가 '넴루트 다으'라 불리는 산의 거대 석상들을 보러간 적이 있었다. 해돋이를 기다리며 맞은 편 산길을 바라보다 깜짝 놀란 적이 있다. 평생에 잊지 못 할 몇 가지 꿈 중의 한 장면이 펼쳐져 있었던 거다.

꿈속에서 나는 스물 전후의 처녀인데 그맘때쯤 꾼 꿈이다. 캐러반 대상 행렬 중의 한 사람이 말을 타고 이 길을 지나가고 있는 것이었다. 울긋불긋한 색깔의 옷들을 입고 길고 긴 행렬을 이루고 있다. 꿈을 깨고도

이스탄불 술탄아흐멧 거리

너무나 선명해 잊혀지지 않던 그 장면의 길이 펼쳐져 있는거다. 그렇다.
어쩌면 나는 전생에 돌궐족 유목민이었을지 모른다.

터키와의 숙연

나는 다시 태어나 터키에 와야 했을 운명인지 모른다. 터키 중부 카이세
리에 한국학과를 만들기로 서원했던 고선지 장군의 후예였을까. 세 번째
만들어졌다는 이스탄불대학교 한국학과 낭보에 버선발로 달려오기로 했
던 것일까. 생각은 술탄아흐멧 사원의 아잔소리를 들으며 하염없이 꼬리
를 문다. 게다가 터키는 여전히 담배의 천국이다. 젊은이들의 담배 피우

마르마라해가 보이는 식당에서 이스탄불대학 한국학과 교수진과

는 모습까진 괘념치 않지만 코끝으로 스며드는 담배 냄새를 맡으며 이 글을 쓴다. 카페에서 들려오는 중동지역의 경쾌하면서도 호소력 짙은 노랫소리도 한몫한다. 거의 자동기술법으로 써가는 이 여행 편지도 그 연장선에서 읽으면 신선하지 않을까.

터키석 터키석

이번에 그 터키석 가게를 기적적으로 찾아내 그 여사장님과 얼싸안고 회포를 풀었다. 가게를 찾은 것도 기적이지만 카이세리 살던 나를 기억하며 눈물까지 글썽거릴 땐 정말 형제의 나라임을 다시 느꼈다.

이스탄불대학교 선생들과 헤어져 혹시나 그랜드 바자르 근처에 있던 터키석 가게를 찾아보기로 하였다. 터키석 가게에 관한 또 하나의 '전설따라 삼천리'가 있었으니 서울식당 여사장님이 가르쳐 준 그 가게에 젊고 총명한 여직원이 있었다. 그녀는 내가 하는 일 이야기를 듣고 젊은 사장에게 전했는데 그 사장님 왈, '터키를 위하여 그렇게 좋은 일을 하시다니' 하면서 더 비싼 질 좋은 터키석을 거의 선물로 주는 것이 아닌가.

터키 사람들은 이러한 대국적인 온정이 있다. 내가 한국학의 기초를 마련하고 돌아갈 때 선물사러 들렀더니 무엇이든 고르라고 선물하겠다고 하였다. 그 후 10년이 지나 다시 갔을 때는 10년 전 가격으로 듬뿍 인심을 썼다. 그러나 이제 20년, 기억도 가물거리고 2년 전엔 헤매다 못찾고 그냥 돌아간 적도 있다.

그런데 어제 기억을 더듬어 낯익은 풍경에 끌려 무턱대고 걷다가 거짓말

20년만에 우연히 찾아간 터키석 가게

터키석 가게 귤하늠 사장님과 나

처럼 그 가게를 발견한 것이다. 이제 그 젊고 날씬한 점원아가씨는 사장님과 결혼해 어엿한 풍채좋은 여사장님이 되었다. 17년 전에 자기가 디자인한 내 목걸이를 매만지며 이제 이렇게 좋은 원석도 디자인도 안 나온다며 20년지기 만난 듯 반긴다.

'티파니에서 아침을'이 아닌 '이스탄불에서 차이를' 마시며 이제는 한국어가 능숙해진 그녀에게 끌려 터키석을 열심히 고르는 나를 발견한다. '그래 내가 또 언제 이스탄불에 오겠어. 또 이 가게를 어떻게 찾겠어' 하면서 과용을 한다.

그렇다. 심신이 외롭고 쓸쓸할 때 한국학 기초를 세운다고 고군분투할 때 그 마음을 안다는 듯 친절히 대해 준 이 부부에게 한번쯤 제 값 주고 터키석을 사기로 무엇이 대수일까. 나는 기꺼이 터키석 목걸이를 샀다. "친구 선물 사지말고 선생님 위해서 사세요" 하던 귤하늠(장미부인). 고맙고 고맙다.

마지막 날 점심때 드디어 루프탑 카페에서 에페스 맥주 한 잔을 하며 이 원고를 쓰고 있다. 좌^左 마르마라해 우^右 블루모스크가 아닌가. 이게 웬 떡인가. 역시 나는 여행신장께서 수호하심이 틀림없다.

이제 2021년 나는 내가 설립에 참여하였던 터키 국립 에르지에스대학교 한국학과로 복귀한다. 돌아온지 강산이 두 번 바뀐 20년만이다. 마지막 한국학 부임지가 될 나의 두 번째 모국 터키에서 나의 경험과 지식 그리고 내 청춘의 화양연화가 깃들인 곳에서 아낌없이 모든 것을 회향하고 싶다. 아마도 우리는 서로 사랑하는 것 같다.

마르마라해가 보이는 루프탑 카페

블루모스크가 쏟아져 들어올 것 같다

이스탄불 탁심광장

류블랴나Ljubljana에서
베로니카를 만나다

디어 마이 프렌즈의 무대

'베로니카 죽기로 결심하다'라는 소설의 제목을 들어보았는가. 파울로 코엘료라는 작가의 소설이다. 그 소설은 자살을 결심한 주인공이 존재감 없는 슬로베니아 류블랴나를 알리고 죽겠다는 대목으로 시작한다. 그럴만큼 슬로베니아라는 나라도 류블랴나라는 수도도 우리에게는 아직 익숙지 않은 이름이다.

그러나 나는 2010년부터 2018년까지 그 도시를 네 번 방문하게 되었다. 이 또한 무슨 운명적 필연이란 말인가. 우리에게는 2010년대 중반부터 '꽃보다 누나'로 알려지기 시작해 '디어 마이 프렌즈'라는 드라마 촬영지 등 여러 번 방송에 나와 우리나라 관광객이 많아진 곳이기도 하다.

2018년에 갔더니 '한국인 민박' 집까지 생겼다. 한인 민박이 생겼다면 그곳은 이제 우리나라 여행자들이 그만큼 많이 가는 여행지임을 반증하는 것이다. 일반적으로 해외여행은 처음엔 단체 관광으로 훑어보고 그다음 마음에 드는 곳에 가서 한동안 머무는 여행을 하고 싶어지기 마련이다.

그럴 때 이러한 한인 민박은 우선 말이 통하고 여행자가 궁금한 정보에 대해 효자손처럼 가려운 곳 긁어주는 역할을 톡톡히 한다. 여기서 나도 여러 여행 정보를 친절히 안내받을 수 있었다.

사랑의 도시 류블랴나

나는 2010년 여름에 옆 나라 헝가리 부다페스트에 살면서 그곳 류블랴나 대학의 한국학과 교수를 만나러 한 번, 가을에 인도 다람살라 살고 계신 청전스님과 특강 차 옛 유고연방이던 슬로베니아부터 세르비아에 이르기까지 한 바퀴, 그리고 2016년 류블랴나대학 한국학과 학회와 2018년 9월 중동유럽 한국학회에 참여하느라 네 번을 다녀왔다. 아무래도 나는 전생에 슬로베니아를 구한 모양이다.

류블랴나는 슬로베니아 말로 'Beloved'라는 뜻이라 한다. 게다가 나라 이름 'Slovenia'는 어떠한가. 'Slovenia' 나라 이름 안에 'love'가 들어 있다. 한 마디로 사랑스럽고 사랑을 해야 할 것만 같은 아름다운 나라이다. 어릴 때 곧잘 엄마 심부름으로 남동생 데리고 이발관에 가곤 하였다. 그러면 알프스 흰 산에 그림 같은 집이 호숫가에 비치는 달력 사진이나 그림이 걸려 있었다. 류블랴나는 바로 그곳의 풍경을 상상하면 된다. 이 그림 같은 도시에서 로맨스를 꿈꿀 수 있다면 금상첨화이리라.

특히 류블랴나 여행은 '가이드북'마다 광장부터 시작하라고 한다. 왜일까. 광장 한가운데에는 왠지 베로니카스러운 아가씨를 바라보는 '행복한

류블라나 풍경

왕자' 같은 동상이 우뚝 서있다. 그러나 반전코드가 숨어있으니, 그 동상은 슬로베니아 국민 시인이요 그의 시 '축배'가 애국가인 민족시인 프란체 프레셰렌 France Prešeren의 동상이다. 그가 평생 짝사랑한 여인이 있었으니 율리아Julia이다. 부호의 딸, 그녀의 가정교사였던 그는 20세 연상에다 신분의 차이로 사랑을 이루지 못하고 여전히 그녀를 바라보고 있다. 그녀가 살던 집 2층 창가에는 그녀의 부조가 자리하고 있다. 모름지기 러브스토리는 이루어지지 않아야 영원한 것일까.

용의 다리와 숙소

이번 여행은 학회 중에는 '시티호텔'이라는 좋은 호텔에 묵었지만 그 전후로 오래된 민가를 리모델링한 3층에 머물렀는데 그곳이 바로 이 도시의 상징인 Dragon bridge(용의 다리) 옆이었다. 류블랴나의 또 다른 랜드마크인 이곳의 유래는 무려 그리스 로마신화이다. 그리스 신화 속의 영웅인 이아손Iason이 류블랴나 근처 호수에 살던 용을 물리치면서 도시를 세웠다는 전설이 그것이다.

동양과 서양의 용의 개념을 극명하게 보여주는 스토리텔링이 나는 놀라웠다. 동양에서는 용을 바다의 왕이라든지 왕을 용과 동일시하여 왕의 얼굴을 '용안龍顔', 왕이 앉는 자리를 '용상龍床'이라 하는 반면, 서양에서는 무찔러야 할 대상의 괴물이라니 말이다. 우리의 용은 무엇이든지 뜻대로 되는 보배구슬, 여의주如意珠를 입에 물고 있는 전지전능한 신물로 귀하게 여겼다는 점에서 동양인들의 용에 대한 생각이 더욱 풍성한 스토리텔링을

류블라나 광장 왼쪽 동상이 프란체와 율리아이다

프레셰렌의 뮤즈 율리아Julia의 부조

용의 다리

품고 있는 것처럼 보인다. 이렇게 여행을 하다 보면 용에 대한 동·서양의 태도를 배울 수 있다. 가외의 소득이다.

블레드 호숫가 티토대통령 별장과 김일성

그러나 류블랴나하면 제일 먼저 떠오르는 장면은 뭐니뭐니해도 블레드 호숫가이다. 바로 이발소 그림 같은 성채와 호수 한가운데 섬에 자리한 교회까지 완벽한 그곳이다. 블레드 성은 벼랑 끝에 세워진 그야말로 천연 요새이자 동화 속 궁궐 같은 모습으로 자태를 뽐내고 있다. 호수 가운데 자리한 성모승천 교회는 배를 타고 가야 하는데 여기서 결혼식을 올리면 행복하게 잘 산다는 전설이 내려온다.

이 호숫가에 유고연방의 대통령이었던 티토의 별장이 있다. 지금은 호텔로 사용되고 있지만 북한의 김일성이 방문했을 때 그 아름다움에 매료돼 모든 일정을 뒤로 미룬 채 2주일간을 이 별장에서 머물렀을 정도라고 한다. 이보다 블레드 호숫가의 풍경을 확실히 증명하는 사건이 있을 수 있을까.

류블라나 블레드 호수와 성

신이 숨겨놓은 땅 보힌Bohinj

그 블레드의 아름다움을 뒤로 한 채 30분 남짓 더 가면 '보힌'이라는 곳을
'아티스트 데이트' 할 수 있다. 아티스트 데이트는 줄리아 카메론이 주장
한 혼자만의 데이트를 말한다. 인간은 누구나 불성이 있듯이 자기 안의
예술가가 살고 있는데 그것을 꺼내기 위한 방법으로 눈뜨자마자 '모닝페
이지'를 쓰는 것과 일주일에 두 시간 혼자만의 아티스트 데이트를 하는
것이 골자이다.

보힌은 신들이 인간에게 땅을 나누어 주었는데 미처 받지 못한 사람들이
인내심을 가지고 기다리자 가상히 여겨 신의 땅을 하사한 것이라는 전설
이 전해온다. 그 말에 고개가 끄덕여질 만큼 산은 높고 골이 깊어 햇빛과
강물이 함께 노니는 신들의 땅처럼 보인다.
나는 케이블카를 타고 산 정상에 오르고 싶었으나 그러기엔 일정이 촉박
하다는 인포메이션 담당자 추천에 따라 배를 타고 강을 한 시간 정도 유
유자적하다가 돌아왔다.
보힌은 동알프스 산자락으로 트레킹을 하러 오는 사람이 많았다. 스틱
이라든지 장비를 빌려주는 곳도 있고 가족이나 연인끼리 건강하게 해수
욕도 즐기고 일광욕도 하는 천혜의 자연경관 그 자체였다. 말 그대로 신
이 허락한 땅. 사람들은 여유롭고 집집마다 과일나무에는 열매가 촘촘하
였다. 보힌은 하루에 다 돌아보기에는 너무 짧은 여정이지만 아침 일찍
출발한다면 류블랴나에서 당일여행이 가능하다. 강력 추천!
유고슬라비아 연방시절에도 슬로베니아는 경제적으로 가장 풍요로워 제

일 먼저 독립하였다. 그에 반해 연방수도였던 세르비아 베오그라드는 1999년 나토의 폭격으로 부서진 국방부 건물이 그대로 방치되어 있을 만큼 대조적이다. 몇 년 전 내가 비 내리는 10월의 을씨년한 계절에 갔던 기억 때문인지 정말 스산하고 가난하다는 느낌으로 가득하던 세르비아와는 하늘과 땅 차이다.

류블랴나, 네 번째라 망설였는데 안 갔더라면 후회했을 것이다. 그러나 정작 안 가 본 사람은 그런 생각 자체를 할 기회가 없으니 어떤 의미에서 둘 다 행복한 것일까. 유럽의 다른 나라보다 물가도 착하고 와인이 맥주보다 싸고 맛있는 슬로베니아! 사랑의 호르몬이 메말라가고 있다면 무작정 류블랴나 여행을 떠나보시라.

다음 여정은 3세기 로마시대 궁궐이 건재한 크로아티아 스플리트에서 휘영청 보름달을 바라보는 신이 내린 기회를 함께할 것이다.

보힌이라고 쓰인 동알프스

물 속의 고기들이 노니는 보힌의 풍경

크로아티아 스플리트Split,
1,800살 궁전의 달밤이여

아아 신라의 밤이여! 스플리트Split의 달밤이여!

옛 대중가요의 노랫말이 잘 어울리는 달밤을 보고 왔다. 류블랴나대학의
학회를 마치고 옆 나라 크로아티아 스플리트 여행에서이다. 세상에 이런
도시가 있다니…. 무려 300년대 초기에 세워진 도시와 궁궐이 여전히
살아 숨쉬고 있었다. 그곳에 사람이 살아 움직이고 신선한 공기가 흐르
고 해가 지고 달이 뜬다. 신라의 달밤을 연상시키는 스플리트는 어떤 도
시인가.

스플리트는 크로아티아 남쪽 달마티아 주에 있다. 인구는 30만 정도의
도시인데 아드리아해와 마주하는 항구 도시이자 수도 자그레브 다음가
는 큰 도시이기도 하다. 그 역사는 기원 전 그리스의 거주지로 거슬러 올
라간다. 우리가 현재 보고 있는 이 궁전 도시는 로마 황제 디오클레티아
누스가 황제 자리에서 물러난 후 서기 305년에 지은 인생 역작이다.

그후 7세기에 슬라브족이 이곳으로 들어와 정착한 뒤 여러 시대를 거치면
서 궁전은 비잔틴, 고딕 건축 양식 등의 화려한 모습으로 바뀌었다.

지금도 계속 복원 중이긴 하지만 남은 뼈대에 기대어 사람들은 희로애락

스플리트 궁전에 낮게 뜬 보름달

스플리트 밤바다

의 파노라마를 펼치며 살아가고 있다.

그렇다면 디오클레티아누스 황제(245년~312년 추정)는 누구인가. 그는 기독교도를 박해한 마지막 왕으로 알려져 있다. 말하자면 313년 기독교를 공인한 콘스탄티누스 1세를 유명하게 만든 만고의 악역 왕이라는 것이다. 그가 만년에 은퇴하며 스플리트에 거대한 궁전을 짓고 채소를 가꾸며 살았다고 전해지는데 사실 나는 이 왕의 이름과 역사도 이 기회에 처음 알게 되었다.

여행은 사람을 이렇게 공부하게 한다. 유식하게 만든다. 이곳에 가지 않았으면 다음 생에도 몰랐을 '알쓸신잡' 지식들.

스플리트의 달밤

마침 보름달이 뜰 때 이 도시를 방문한 건 아무래도 전생에 이 나라에 살기라도 한 것이 아닐까 싶을 만큼 신의 한 수였다. 궁전에 뜬 보름달이 이토록 사람을 설레게 한다. 달이 이렇게 낮게 뜰 수 있다니….

스플리트의 흥망성쇠를 지켜보았을 이 달은 마치 21세기의 낯선 여행자를 위해 기다렸다는 듯이 홀연히 달밤의 궁전 자태를 드러낸다. 황홀하다.

아주 가끔 내가 찍었는데 맘에 드는 사진을 만날 때가 있다. 이 사진도 그렇다. 이번 여행지인 이스탄불, 류블랴나, 스플리트를 통틀어 이 한 장의 사진이 가장 맘에 든다.

고대 도시 Split의 밤 풍경

학회를 마치고 다섯 명의 일행이 이곳에 도착한 것은 한 밤중. 사실 나는 예전에 살던 부다페스트에 지인을 만나러 가고자 하였으나 홀로 왕복 15시간의 여정이 부담스러워 옆 나라로 떠나는 여행팀에 합류하게 된 것이다. 그러나 알고 보니 여기는 왕복 스무 시간의 여정이었다. 혹 떼러다 혹 붙인 셈. 그럼에도 여행지로서는 후회하지 않을 만큼 스플리트가 맘에 들었다.

도착하여 밤바다 쪽으로 슬슬 나가보니 그야말로 젊음의 거리, 여기저기 콘서트의 음악 소리와 라이브카페 열기로 활기찼다. 젊은 연인들도 싱그러웠다. 아드리아 해변가가 주는 로맨틱 풍광이랄까. 특히 스플리트의 랜드마크인 종루를 배경으로 카페에서 사랑을 속삭이는 젊은 커플은 보이는 모습 그대로 행복과 달콤함 그 자체였다.
때로는 뒷모습이 더 솔직할 때가 많다. 그 옆에서 혼자 밤바다를 즐기는 모습도 멋지고 친구끼리 담소를 나누는 모습도 자연스럽다.
스플리트에 가면 모두가 있는 그대로 로맨티스트, 영화 속으로 걸어 들어가 '미드나잇 인 스플리트'의 주인공이 되는 것이다.

스플리트의 아침
밤에 만난 스플리트의 풍광이 아침이 밝으면 어떤 모습일까. 햇볕 좋은 아침 산책을 나가보니 사람들은 맛있는 빵 냄새가 나는 베이커리에서 빵을 사고 노천카페에서 커피를 마시며 즐기고 있었다. 아드리아 해안가를 따라 드라이브를 하며 항구도시 전체를 조망하고 나니 사라예보로 떠나는 일행들과 작별할 시간.

많은 사람들과 학회로 며칠을 보내고 그들 중 몇몇과 하루쯤 여행을 한 뒤 오롯이 혼자 남겨지는 것은 어쩌면 인생과 닮아있다. 그들은 버스를 예약한 곳에 가 플랫폼을 알아놓고 짐을 맡기는 것까지 보고 손위 누이를 남겨놓는 심정으로 걱정 반 염려 반으로 떠났다. 나는 그들의 젠틀맨십이 좋다. 이 일행은 지난 해에도 발트 3국을 며칠간 여행한 여행 동지들이기도 하다. 여행과 인생은 이렇게 '따로 또 같이'의 파노라마이다.

스플리트의 궁정

이제 어젯밤에 보았던 궁전 도시를 나 홀로 찬찬히 둘러 볼 시간이다. 성 도미니우스 성당 종탑에 올라갔더니 사방팔방의 모습이 손에 잡힐 듯이 들어왔다. 유럽의 주황빛 지붕들, 바로 동화의 한 장면 속으로 흡수되는 시간여행자. 황제 디오클레티아누스의 눈으로 흐뭇하게 나의 왕국을 바라본다.

그도 그랬으리라. 자신의 왕국을 짓고 그곳에서 채소를 가꾸며 살았다는 것은 결국 아침 일찍 일어나 해질 때까지 산과 바다와 햇빛과 식물들과 교감하며 일상을 잘 살았다는 반증이다. 매일 매일이 흡족했을 것을 느낄 수 있다. 사실 종루는 적의 침입을 살피는 망루의 역할이 더 컸을 것이다.

내가 여행한 날은 여행의 신장이 스플리트의 모든 날씨를 옴니버스로 준

스플리트 궁전

종루에서 바라본 스플리트

비해 주었다. 아침엔 햇볕 쨍쨍 덥기조차 하더니 오후엔 비바람이 몰아치
며 시티투어 버스를 타기 전부터 날씨가 꾸물거리기 시작했다. 한 바퀴
돌고 도착할 즈음엔 우산이 소용없을 정도로 세차게 내리고 있었다. 나
는 뛰어서 눈에 띄는 작은 카페로 들어갔다.

복층으로 이루어진 계단으로 올라가 하염없이 비 내리는 1층 창밖 거리
를 바라보며 크로아티아와 가까운 이탈리아의 Lavazza 커피와 항구도시
다운 연어요리를 천천히 음미하였다. 호젓하면서 편안하고 아늑한 혼자
인 여행이 이렇게 좋을 수가 없다. 비조차 여행의 선물이 되는 시간. 젊은
시절이었다면 가볼 곳이 많은데 하루 여행 다 망쳤다고 끌탕을 했을 것
이다.

한 두어시간쯤 그렇게 카페에서 스플리트 풍경을 바라보다가 패딩조끼
로 중무장한 채 바람이 세찬 항구 앞 번화한 리바거리와 기념품 가게를
구경하였다.
궁전을 끼고 있는 좁은 골목 사이사이에는 그리스의 미코노스섬을 연상
케하는 이쁜 예술소품들이 즐비한 가게들이 보석처럼 박혀 있었다. 항구
도시여서일까, 베니스와 그리스 섬을 합쳐놓은 것같은 이 느낌은….

저녁 무렵이 되니 정성스럽게 테이블 세팅을 해놓고 손님을 맞으러 스타
일리시한 아가씨가 레스토랑 앞에 서있는 것도 눈이 즐겁고 시원해진다.
젊음은 어디에서나 그 자체로 빛이 난다. 고대 도시에 젊은이들이 북적이
는 모습이 묘한 매력으로 다가온다.

이 골목을 지나가면 황제를 알현했다는 돔이 나타난다. 터와 기둥만 남은 채 하늘이 보이는 이 공간은 4인조 아카펠라 그룹이 노래를 하고 있었다. 공명이 되어 소리가 웅장하고 아름다웠다. 거기서 파는 CD를 사도 좋고 공연 관람 팁을 놓고 와도 좋다.

유럽은 대체로 어디나 그림책에서 튀어나온 동화의 나라같이 아기자기 정교하고 아름답지만, 그 역사와 문화를 조금만 알고 보면 그만의 개성과 특징을 풍성하게 보여준다. 크로아티아라는 나라, 헝가리에서 살던 나는 주로 옆 나라로 가기 위해 잠시 들렀던 수도 자그레브만 전부일거라 알고 있었다가 스플리트라는 인생의 보배 같은 도시를 만나게 되었다.

누군가는 여기서 천국이나 파라다이스를 볼 것이고 누군가는 로마제국의 흔적을 느낄지도 모르겠다. 나는 서기 3세기 속으로 시간여행을 만끽하게 된 잊지 못할 인생의 추억을 건졌다.

여행은 이렇게 우연을 가장한 필연으로 각자의 삶에 찾아와 전생부터 예정된 약속을 지키게 하는 지도 모른다. 이 도시 또한 예사롭지 않다. 30대부터 시작된 지구 한 바퀴를 거의 돌아 이제 만나게 된 스플리트, 이 글을 읽는 그대에게 지금 만나러 가라는 메시지 전령사가 나의 임무인 것일까. 아아 신라의 밤이여! 스플리트Split의 달밤이여!

비 내리는 날 카페 2층에서 바라본 창가의 사람들

눈이 오면 생각나는
부다페스트 크리스마스 마켓의 추억

● 드디어 부다페스트 여행기를 쓸 차례가 왔다. '비가 오면 생각나는 그 사람'이 있듯이 서울에 함박눈이 내리는 날 불현듯 부다페스트에서 지낸 시절과 크리스마스 마켓 풍경이 떠올랐다. 눈 내리던 풍경과 멋진 트리로 장식된 광장에서 따끈한 뱅쇼(vin chaud)를 마시던 기억…. 황홀하고 아기자기한 크리스마스 소품들이 가득하던 크리스마스 마켓 근처 번화가로 잠시 타임슬립.

야경이 아름다운 도시 부다페스트

부다페스트는 야경이 특별히 아름답다. 도시전체가 세계문화유산인 이곳에 나는 1년 남짓 한국학을 가르치며 살았는데 그때는 희노애락, 애오욕 속에 울근불근 하느라 '장밋빛 인생'인 줄도 모르고 지냈다. 이제 반짝반짝 행복이 찍힌 무수한 사진들을 일기처럼 들여다보니 그곳이 천국이요 화양연화 시절인 줄 알겠다. 나는 이 부다페스트 왕궁과 아름다운 세체니 다리가 바로 코앞에 보이는 Pest지역에 살았다. Buda-Pest는 도나

어부의 요새에서 바라본 부다페스트 전경

부다지구 왕궁과 세체니 다리 아래 도나우강 야경

부다페스트 100년 된 뉴욕카페

부다페스트 오페라극장

우강을 사이에 두고 왕궁이 보이는 언덕 Buda 지구와 도나우강 건너편 평지 Pest 지구로 나뉘어져 있다. 아름다운 풍광과 전 세계 젊은이들을 자살로 몰아넣었던 영화 음악 'Gloomy Sunday'의 배경무대이기도 한 부다페스트 속으로 들어가 보자.

도나우강변 바찌우짜Vacci Utca 번화가 우리 집 풍경

나는 400년 가까운 역사를 지닌 엘떼(ELTE)대학교 한국학과 교수로 근무했는데 거기서 10분 거리인 바찌 우짜 거리에 외국인 교수 숙소가 있었다. 5층집 꼭대기층에서 창문을 열면 앞집 베란다엔 제라늄화분이 가지런히 놓여 있고 왼쪽으로 고개를 돌리면 도나우강이 보이는 그야말로 '어린왕자'의 한 구절이 떠오르는 곳이었다. 그렇지만 아스토리아Astoria역에 있는 학교와는 반대방향이어서 한 달이 지나도록 1분만 걸어가면 도나우강이 있는 줄도 모르고 살았다. 그저 학교와 집에 집중하던 시간이었다.

우리집 앞 맞은 편에는 동유럽에서 제일 처음 생겼다는 근사한 맥도날드와 맥카페가 있었다. 자주 마시러 갔던 맥카페 카푸치노가 아직도 생각난다. 이 번화가에는 관광객을 대상으로 한 기념품과 최신 유행 브랜드와 명품가게, 헝가리 특산 Herend 도자기 가게들과 더불어 책방도 아주 커서 문화대국임을 알 수 있었다. 게다가 또다른 방향으로 10분만 걸어가면 성이슈트반 대성당과 내가 느끼기엔 비엔나보다 멋진 오페라극장이 있었다. 성당에서 낮에는 파이프오르간 연주회가 열리고 오페라극장

엔 정장을 한 할아버지 할머니들이 한껏 멋을 내고 함께 공연을 보러 오
곤 하였다. 비싼 좌석도 있지만 주머니 가벼운 여행자를 위한 입석은 5천
원 이하의 티켓도 있었다.

ELTE대학교 한국학과 시절

학생들은 하나같이 착하고 수줍음이 많았다. 2000년도 터키에서 한국학
과를 설립하고 부전공으로 한국어를 가르칠 때에는 한 학기 내내 '가나
다라'만 가르치기 바빴었다. 10년 후 '한류' 열풍덕분에 학생들은 독학으
로 한글을 떼고 그 어려운 한류드라마 OST 노래까지 얼굴 빨개지며 자
청해 부르기도 하여 나를 놀라게 하였다. '율리아, 엉겔리커, 안드레, 싸럭
쾨지, 피터, 다비드 들….' 모두 그리운 학생 이름들이다.

엘떼대학교 강의실 앞에서 한국학과 학생들과(앞줄 왼쪽이 나)

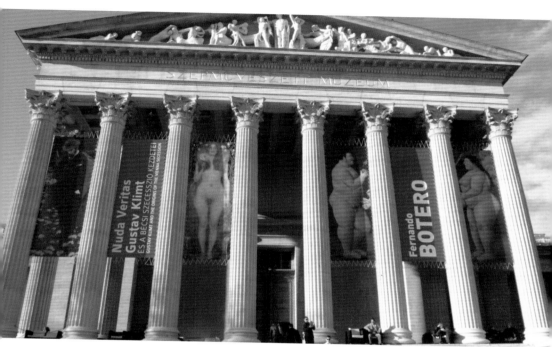

클림트 전과 보테르 전이 열리는 미술관

부다페스 안드라시거리

오페라하우스를 지나 이어지는 안드라시 거리 끝에는 헝가리를 세운 영
웅들을 기리는 '영웅광장'이 있다. 헝가리 역사 1,000년을 기념하는 1896
년부터 짓기 시작해 1929년에 완성되었다고 한다. 한국대사관이 가까운
이 거리는 미술관과 박물관, 온천으로도 유명하다. 나는 거기서 'Kiss'로
유명한 클림트 전시와 귀엽고 뚱뚱한 모나리자를 그리는 '보테르전'을 인
상깊게 보았다.

부다페스트 영웅광장

자주 가던 부다페스트 와인 바

헝가리의 와인에 대하여

그러나 뭐니뭐니해도 헝가리 와인을 빼놓을 수 없다. 헝가리는 '유니쿰'이라는 약재 술과 '뻴링커'라는 30도를 넘는 독한 과일주, '토커이'라는 와인의 왕이 유명하지만 수많은 레드 와인이 앞다투어 풍미를 자랑한다. 시장에서 맛 볼수 있는, 거대한 와인 통에서 수도꼭지를 통해 따라서 파는 500포린트(헝가리 화폐단위: 2천원 정도)의 와인 맛도 훌륭하다. 가끔은 지인들과 분위기 있는 레스토랑에서 멋진 디캔터에 와인을 한 병 시켜 놓고 담소를 주고 받으면 그보다 낭만적일 수 없다.

나의 친구 헝가리 사람들

그리고 나의 헝가리 친구들의 이야기를 빼놓을 수 없다. 특히 빨강색이 잘 어울리던 나의 어머니와 동갑인 너지 일디꼬선생님은 북한 김일성종합대학교를 졸업한 헝가리 산업공예박물관 큐레이터이다. 은퇴 후에도 한국 유물전시관 담당을 맡아 한국 관련 문화재와 역사책이 나달나달해지도록 공부하며 유물 연구를 하고 계셨다.

나를 만나면 여러 가지를 물으시고 확인을 하고 싶어 하셨는데 정말 딸처럼 생각해주어 댁에만 가면 한숨자곤 했던 기억이 난다. 어쩌면 물설고 낯선 곳에서 집에 온 것처럼 마음이 편해져서인지도 모른다.

그리고 오슈바트 가보르선생님도 김일성대학교 유학파인데 한국학과 강의를 하면서 평양식 발음과 북한 교재로 가르치고 있어서 깜짝 놀랐다.

어느 식당이 '아주 맛있습네다' 하는 식이었다. 물론 일디꼬선생님도 '남
조선, 인민' 등의 단어를 쓰고 있지만 1990년대 대한민국 수교 이후 방문
과 자료지원 혜택을 입어 남한스타일로 바뀌고 있는 모습도 보였다.
베아트릭스선생님은 오슈바트선생님의 제자로 한국에서 어학당도 다니
고 영국유학을 한 신세대 선생님이었다. 그러나 아쉽게도 한국 미술사전
공이라 한국어 소통은 거의 되지 않았다.
사진을 펼칠 때마다 '나도 나도'하며 이야기를 전하고 싶어하여 고르기가
몹시 힘들었다. 이렇게 맛보기로 헝가리를 전하고 조만간 진득하게 1년
치 두께만큼의 경험들로 이들의 이야기를 차분히 쓰고 싶다.

내 인생을 풍성하게 해준 헝가리와 부다페스트의 시간과 공간 그리고 함
께 울고 웃었던 사람, 사람들. 결국 인생은 사람을 만나는 일인 것을….

바지 우짜 노천 카페

헝가리 아리랑 식당에서 왼쪽부터 너지 일디꼬, 오슈바트 가보르, 베아트릭스 메치선생님

북아프리카 튀니지에서
                    아침을

북아프리카

모로코와 알렉산드리아 버금가는 도시

수도 튀니스도 좋았지만

쑤스라는 지중해 해변가

마르하바 호텔 일주일 패키지 여행은

내 인생에 전무후무한 일이 될 듯

무엇이나 할 수 있는 자유

아무것도 안 해도 되는 자유

광고 카피에서나 보던 그대로

지중해 바닷가

요트 타고 바다를 바라보다가

해변을 걷다가

해변에 누워 엽서를 썼다.

사하라 사막의 낙타 타기와 일몰도
그 지평선에서 떠오르는 일출도
글래디에이터의 무대였던 엘젬 원형 경기장도
말로만 듣던 베르베르족의 동굴 집도
가도 가도 끝없이 펼쳐지던
선인장과 올리브나무들까지
'엄마는 오십에 바다를 발견했다'가 아니라
'나는 오십에 튀니지를 발견했다'

튀니지 사막의 아침 해돋이

헝가리 사람들의 워너비, 튀니지 여행

2010년 12월의 마지막을 튀니지에서 보내며 쓴 일기이다. 그렇다. 나는 오십에 튀니지를 발견하였다. 튀니지하면 무엇이 떠오르는가. 아프리카 어딘가에 있을 나라 정도가 아닐까. 이즈음에는 '아랍의 봄'을 이끈 민주화 열풍의 나라로 알 수도 있을 것이다. 그러나 슬쩍 그 단편적인 지식이나 추측, 한 겹만 들추고 들여다보면 지중해의 푸른 바다가 넘실거리고 로마제국의 거대한 원형경기장이 고스란히 남아있으며 베르베르족이 낙

영화 글래디에이터의 무대 엘젬 경기장

타를 타고 가다 메카를 향해 기도하는 이슬람 문화가 눈에 잡힐 듯 다가오는 나라로 나타날 것이다.

부다페스트에 살 때 이런저런 일들로 비자를 연장해야 해서 쉥겐조약이 체결되지 않은 나라에 며칠 다녀와야 하였다. 쉥겐조약은 유럽 26개국에서 여권검사 면제 등 국경을 개방하는 조약이다. 그루지아와 튀니지를 놓고 고심하다 튀니지로 향했다. 한 겨울에 따뜻한 남쪽 나라인 북아프리카가 매력적으로 다가왔기 때문이었다.

먼저 헝가리 사람들이 연말 휴가차 많이 가는 휴양지라 그들 전세기에 나도 헝가리사람인 모양새로 튀니지에 안착. 여행사의 추천상품 팸플릿에 어느 나라나 통용되는 80,000이 아니라 79,900 forint임에 주목! 1유로가 265포린트 정도인가 했으니 우리 돈으로 50만원 정도 됐나 보다. 생각해보니 일주일이면 가격대비 가성비 갑인 휴가여행이다. 당시 그리스 다음으로 부도국가가 될 위험성이 높았던 경제난에도 불구하고 많은 헝가리인들이 찾은 이유를 엿볼 수 있다.

튀니지는 어떤 나라?

튀니지라는 나라에 대해 잠깐 살펴보는 것도 그 나라와 여행자로서의 예의일 터. 페니키아인이 기원전 9세기 경 카르타고 제국을 건설한 곳이 지금의 튀니지이다. 그러나 이미 그곳에는 베르베르인이 살고 있었다. 지중해의 농업지대였던 튀니지는 로마제국에 속해 있다가 7세기 이후 아람의 지배하에 있게 돼 그때부터 베르베르 원주민도 이슬람화하였다. 1336년 독립하여 수도를 튀니스로 정하고, 리비아와 알제리의 일부에까지 세력을 떨쳤지만 1535년 에스파냐의 침략 이후 1570년 오스만투르크 제국에 의해 정복되었다.

19세기 후반 1881년 프랑스의 보호국이 되었고 1956년 독립하였다. 2011년 내가 귀국한 직후 '아랍의 봄'이라 불리는 민주화 운동으로 벤 알리대통령의 23년간의 독재를 끝내고 이집트, 리비아, 시리아로 민주화 물결이 퍼져 무바라크, 카다피 등이 물러났다. 그러나 아직도 가난과 높은 실업률로 아랍의 봄은 진행 중이다. 튀니지를 위하여 마음 다해 응원한다.

지도에서 보는 것처럼 튀니지공화국(Republic of Tunisia)은 북쪽과 동쪽은 지중해에 면해 있고, 서쪽은 알제리, 남동쪽은 리비아와 국경을 접하고 있다. 아프리카 대륙에서 가장 북쪽 끝에 있고 이탈리아와 가깝다.

튀니지의 지도와 내가 머물렀던 Sous(좌)와 튀니지와 이웃나라들, 알제리 · 리비아 · 이탈리아(우)

나라 이름의 뜻은 아랍어로 'Tunis'인데, '벼랑' 또는 '밤을 보내다'라는 뜻의 베르베르어에서 유래한 것으로 전해진다. 국기에서 이슬람을 상징하는 달과 별을 볼 수 있듯이 나의 튀니지 첫 인상은 '리틀 터키'였다. 게다가 독재국가답게 시내 곳곳에 대통령 부부의 초상화가 여기저기 걸려있었다.

튀니지의 크리스마스

전형적인 이슬람 국가인데다 더운 나라에서 연말연시를 보내게 되면서 이 나라의 크리스마스는 어떨까 사뭇 궁금하였다. 색종이로 장식한 호텔 로비를 보시라. 어설프고 소박하지만 나름 어울리고 재미있지 않은가. 내가 머문 'Marhaba'호텔은 터키어로 'Merhaba' '안녕하세요'이다. 무척 반

수스 마르하바호텔 로비에서 쉬고 있는 투숙객들(좌) 주차장 글씨조차 멋스러운 수스의 풍경(우)

터키의 문양과 그리스의 색깔을 합친 듯한 도예품들

튀니지 지중해 풍경

갑고 정겨웠고 그래서 지금까지 기억하고 있다. 바다가 없는 내륙국 형가리 사람들은 거의 대부분 일주일 내내 호텔에 머물면서 앞마당이 바닷가인 해변에서 일광욕에 몰두하였다.

튀니지 휴양도시 수스의 풍경

나는 그런 여행은 한 나절이면 오케이. 다음날 아침 수스 Sous 시내를 구경하러 나갔다. 푸른 하늘과 야자수가 가로수인 북아프리카의 전형적인 풍광, 아랍글자로 가득찬 거리, 그리고 프랑스 식민지였던 관계로 프랑스어로 의사소통이 가능하다. 물론 영어도 된다.

아프리카와 이슬람, 그리고 지중해의 특징이 모두 들어간 알록달록한 그릇 기념품이 튀니지를 잘 보여주고 있다. 아프리카다운 원색이 잘 어울리고 로마제국의 일부였던 시대를 보여주는 모자이크 벽화의 디자인 접시들, 지중해의 푸른색이 주종을 이루는 기념품 가게, 그리고 그 옆에는 나무로 만든 목각 기념품과 도마 등 실용품들이 즐비한 또 다른 튀니지를 파는 가게가 나란하였다.

요트타고 지중해 구경

수스는 지중해 해변가의 관광도시가 아닌가. 이제 우리는 당연히 요트를 타고 바다를 구경하러 나갔다. 어디서나 사람 사는 곳에는 연인이 아름다운 법이다. 아마도 이슬람 정서상 신혼부부일 듯한 커플의 다정한 모습이 눈에 확 들어왔다. 이슬람에서는 여자 혼자 여행은 커녕 외출하는 것도 금기시되는 경우가 대부분이다. 가족 단위나 오빠, 남편이 항상 대동하고 다닌다.

종종 말하곤 하지만 내가 세상에 태어나서 가장 잘한 일이 딸을 낳은 것이다. 그 딸이 중2인 영국학교 8학년일 때 함께 이 여행을 나섰다. 생각할수록 두 연인 부럽지 않은 마음부자로 다녀온 튀니지 여행. 이제는 멀리 떠나 혼자 공부하고 있는 딸과의 추억이 새록새록해 더욱 그리운 북아프리카 지중해의 수스…. 팔불출이라도 좋다. 배에는 가족과 함께 수상한 연인과 함께 갖가지 사연을 품은 채 행복하고 평화로운 모습의 사람들로 그득했다.

지중해의 상징 푸른색과 어우러지는 부겐벨리아

여행 내내 지중해하면 떠오르는 흰색 벽, 파란 하늘 그리고 보색대비의 부겐벨리아 꽃들을 만끽하면서 다녔다. 우리나라 특히 제주에서 흔히 볼 수 있는 부겐벨리아 꽃은 터키, 그리스 지중해 섬들인 산토리니, 크레테, 미코노스에서는 지천이다. 그래서 나는 이 꽃을 보면 역으로 지중해의 나라들과 햇빛, 하늘, 섬들이 생각난다. 고국에서 느끼는 타국에 대한 이 역향수의 발상을 어떻게 표현할까.

문득 사춘기 시절 불안정한 마음으로 전전반측하며 이곳으로 달려가고 싶어진다. 한동안 그래서 박상민의 '지중해'라는 노래를 주제가처럼 부르며 지중해를 꿈꾸던 시절도 있었다. 그리하여 결국 다시 간 그곳은 그리

수스 해변의 파라솔들

튀니지 유람선의 커플

영화 글래디에이터 무대 엘젬의 원형 경기장과 부겐벨리아

엘젬 원형경기장과 햇빛에 그림자 놀이를 하는 사람들의 모습

스 산토리니!

나의 경험으로 체득한 한 마디. 가고 싶다면 노래하라! 갈 때까지…

엘젬, 글래디에이터의 무대를 가다

꽤 인상적인 영화가 있었다. '글래디에이터', 러셀 크로우가 주연을 맡았던 우리말로 검투사 정도가 되는 이 제목처럼 로마제국에서 노예로 전락한 건장한 남성들이 싸워서 상대를 죽여야만 자신이 살아남을 수 있는 그러한 스토리텔링의 영화였다. 손에 땀을 쥐게 하는 격투장면도 강렬했지만 그 무대가 되는 원형경기장도 인상깊었다. 그 무대인 엘젬의 원형경기장에 오게 된 것이다. 이또한 간절히 생각하면 이루어지나니… 가외의 수확이다.

수스에서 1시간 정도 남쪽으로 나타나는 도시. 엘젬은 기원전 45년경 페니키아와 베르베르의 작은 마을이었던 곳에 카이사르가 퇴역 군인들을 위해 건설한 로마의 식민도시로서 당시에는 티스드루스Thysdrus라 불렸다. 수도 카르타고 다음으로 수스와 경쟁하는 제2의 도시로 올리브유의 산출지로서 번영을 누렸으며 원형경기장을 비롯하여 극장, 모자이크로 장식한 욕장, 저택군 등의 유적이 남아 있다.

원형경기장은 200년 무렵 건설되기 시작하였는데 3만 5000명을 수용할수 있는 큰 규모이다. 3층 아케이드로 둘러싸여 있으며 보존상태가 좋아서 '아프리카의 콜로세움'이라고도 부르는데 1979년 유네스코 세계문화유산으로 지정되었다. 이 대단한 곳을 생각지도 않게 만난 행운이라니…

베르베르Berber족의 마을에 가다

베르베르족의 베르베르라는 말의 어원은 그리스어의 바르바로이라고 하지만 스스로는 '이마지겐'이라고 일컬었는데, 고귀한 종족의 출신자라는 뜻이라 한다. 유럽사람들은 '헝가리'라고 부르지만 헝가리인들은 '마자르'라고 스스로를 부르는 것과 같다.

이들은 기원전 2000년경 페니키아인이 들어왔을 때부터 살고 있던 아프리카의 원주민들이었다. 이제 튀니지에는 전 인구의 1퍼센트도 넘지 못하는 베르베르인은 꾸스꾸스를 먹고 보르노스(낙타 털로 만든 옷)를 입으며 눈은 푸른색을 띤다고 한다. 우리가 갔던 베르베르인의 집도 결국 아메리카 인디언마을처럼 박제화된 집이었다. 흙으로 지어진 집안은 정갈했고 구경하는 집의 성격이 강했다. 이제는 어쩌면 사라져가는 원주민을 관광코스로 바라보아야하는 복잡한 심경에 그다지 즐겁지 않았던 기억이 남아 있다.

이왕이면 낙타를 타고 사하라사막을

이제 사하라사막을 왔으니 낙타를 타고 지는 해를 보러 갈 시간. 우리는 사막을 가본 적이 없어도 왠지 '어린 왕자' 속의 여우를 만날 것처럼 친숙한 느낌이 든다. 이집트 피라미드가 있는 기자와 아부심벨이 있는 사막지대를 2001년도에 다녀 온 적이 있으나 이렇게 낙타를 타고 해넘이를 보러 간 적은 처음이었다.

바람에 흩뿌리는 가늘고 잔 모래가루를 막기 위해 자루같은 옷을 입고

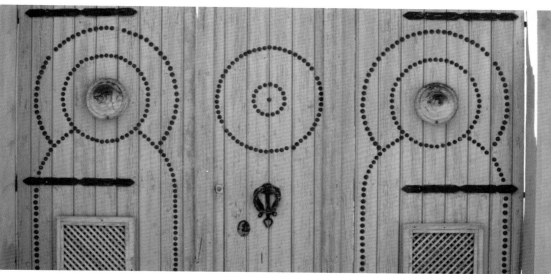

단순하지만 아름다운 튀니지의 집 대문 문양

관광객에게 집을 보여주는 베르베르인

사막의 낙타와 몰이꾼들

똑같은 줄무늬 복장을 하고 카라반처럼 줄지어 사막을 가는 모습

터번을 감고 낙타몰이꾼의 고삐가 이끄는 대로 유순한 낙타를 타고 가는 기분. 낙타는 생각보다 다리가 길어 타고 내릴 때 쏠림현상이 커서 꽤 무섭다.

튀니지는 헝가리에서 곧 귀국을 앞둔 나에게 무심코 다가온 행운의 선물이었다. 급히 떠난 푼수로는 필자가 살았던 터키의 이슬람문화가 가득하고 지중해 풍광을 고스란히 담고 있어 선물같았다. 어쩌다 택시를 타면 드라이버들은 모두 대학졸업자 지식인들이어서 놀랐는데 경제적 궁핍과 독재, 실업률을 자조적으로 토로하였다. 그러더니 바로 얼마 후 노점상의 분신을 기점으로 튀니지는 중동지역 이슬람 국가들 민주화 시위의 메카가 되었다.

지인들은 나에게 거기 가서 무슨 특수 임무를 수행하고 왔는가 조크를 하곤 하였다. 그 아름답고 비옥하고 오랜 역사와 문화를 가진 나라 튀니지에 신의 가호가 있기를….

베를린? 베를린… 베를린!
세가지 이야기

● 베를린! 하면 웬지 '나는 지금 베를린으로 간
다'라는 영화제목 패러디로 떠오르는 도시. 1991년 여름, 1994년 겨울 그
리고 2019년 여름의 베를린이 줄지어 달려온다. 1989년 인도로 시작한
세계 여행이 이듬해 타이완 일주를 거쳐 1991년 본격 유럽 자동차여행을
감행하게 된 것도 영화 제목이 연상되는 또 하나의 이유일지도 모른다.

베를린?

첫 번째 베를린에서 생각나는 것은 '베를린 자유대학', 첫 글자를 따서 '하
데카HDK'라고 부르던 그 대학에 다니던 두 한국인 유학생을 만난 일이
다. 우연히 만나 비좁은 기숙사에서 우리 일행 네 명이 구겨져 자던 기억
과 그중 한 남학생이 베를린 장벽의 낙서를 열심히 찍은 사진들을 보여주
던 추억이 떠오른다.

그리고 동·서독 통일의 상징 브란덴부르크 문 앞에서 너도, 나도 사진을
찍던 일, 2차대전 폭격에 부숴지다 만 카이저 빌헬름교회가 랜드마크처럼

2차대전 때 부서진 카이저 빌헬름교회

서있던 것도 인상적이었다.

그때만 해도 그대로 보존되어 있던 길디 긴 베를린 장벽의 그림과 낙서들을 땡볕에 찬찬히 둘러보며 마음에 드는 것들을 찍던 일, 그리고 한국유학생들의 애환과 우리 사회를 서유럽에서 바라보는 시각도 배운 여행이었다.

우리의 자동차 여행이 부러운 두 남학생은 따라가고 싶지만 유학 중 과목당 낙제를 연거푸 두 번 하게 되면 추방된다며, 한 번씩 과락이 있던 터라 거의 두려움에 떨고 있었다.

그리고 동양에 대한 무시와 1980년 광주의거에 대한 서유럽의 시각, 또 동백림 간첩단 사건의 윤이상 등에 대한 독일의 관점에서의 이해 등 그 당시에는 한국에서 듣고 보던 견해와는 사뭇 다른 시각들을 처음 접했다. 결국 2006년 진실규명 위원회에서 동백림 사건은 간첩죄 등을 무리하게 적용했다고 인정하였다. 정치에 무심했던 내 젊은 시절, 나는 동백림이 동베를린을 음차한 것임을 모르고 무슨 동백꽃이 많이 핀 곳인 줄만 알았다.

당시 한국은 독일에 상대적으로 별로 알려지지 않아서 주로 돼지머리 놓고 고사지내거나 보신탕이야기 등 미개하거나 부정적인 이미지로 비쳐져 그런 방송을 한 다음 날이면 학생들의 시선이나 질문이 부담스러워 학교에 가고 싶지 않다고 토로하였다. 2021년 한류 열풍이 20년동안 불어 그들의 인식이 바뀐 것을 보면 격세지감이 아닐 수 없다.

그럼에도 불구하고 독일의 부유함과 쾌적함, 학비가 없는 유학생제도 등이 크게 부러웠던 첫 번째 베를린!

1989년 11월 베를린 장벽 AP통신

베를린…

두 번째 1994년 베를린은 폴란드 바르샤바에서 야간열차를 타고 잠들었다가 기차 승무원들에게 전재산을 다 털리고 영혼까지 털린 상태로 도착했었다.

분실물을 신고하려고 만난 베를린 역무원 할아버지. 내가 일행과 둘이서 6인용 컴파트먼트에서 자다가 지갑, 카메라, 여권, 항공권, 여행에서 사모은 터키 은제품 등 값나가는 소지품을 몽땅 잃어버렸다고, 언어도 잘 안 통하고 아직 무엇을 잃어버렸는지 정신도 돌아오지 않은 상태에서 더듬더듬 그 사연을 하소연했다.

그후 20년 가까이 폴란드를 혼자서는 가지 못 할 정도로 트라우마가 컸다. 여권과 항공권은 다행히 기차 화장실 휴지통에서 찾았는데 여행을 하기 위한 경비와 소지품을 다 잃어버렸다고 울먹거리니 따뜻한 목소리로

"괜찮아, 걱정하지마"하였다. 순간 아무것도 달라진 것은 없는데 정말 괜찮아지고 무언가 다 해결된 느낌을 받았다. 물론 아무 것도 찾지 못했지만 말이다.

지금 생각하면 목숨을 건진 것만도 다행이었다. 당시 1990년대 초 공산권이던 동유럽 체제가 붕괴된 직후라 상대적으로 지독히 가난하던 동유럽 사람들은 자본주의 국가에서 온 사람들에게 거의 적대감을 가지고 있었던 것 같다. 어떻게 두 사람이 그토록 속수무책으로 다 도둑을 맞을 동안 깨지 않았을까 의문이 들었는데 나중에서야 컷, 컷, 컷으로 떠올랐다. 서너명의 승무원이 우리 객실에 와서 뒤지는 장면들.

베를린 숙소에서 연사흘 사시나무 떨듯 오한에 시달리며 앓아누웠다가 발견한 손등에 시퍼런 멍자국. 나는 아마 강도로 돌변한 기차승무원들에게 수면 마취주사를 맞았던 모양이다. 그것도 치사량에 가깝게. '아, 이렇게 객사를 하는구나!' 진심으로 생각하며 경련을 일으키고 오들오들 떨었던 무서운 기억…. 다행히 동행인 선배는 별 탈이 없어 나를 지극정성 간호해 주어 몸을 추스르자마자 여행을 다 접고 서울로 돌아왔다.

그때만 해도 누가 외국에 간다면 온 식구가 배웅하고 마중하던 시절. 그만큼 외국에 가는 일이 드문 때였다는 것이 새삼스럽다. 나는 이 사실을 아무에게도 죽어도 말하지 않으리라 결심하며 돌아왔다. 다시는 외국에 나가도록 허락하지 않을 것이기 때문에.

그러나 웬걸, 마중나온 엄마를 보자마자 서른다섯의 어린 딸은 수도꼭지 고장난 것처럼 "엄마 나 죽을 뻔했어. 글쎄 이렇고 저렇고…" 쉴 새 없이 나도 모르게 살아 돌아온 오딧세이를 주워 섬기고 있었다. 나에게 두 번째 베를린이란 구사일생의 따뜻하고 커다란 위로였었다.

베를린!

2019년 여름 세 번째로 방문한 베를린은 내가 이름을 지어주고 딸처럼 생각하는 내 첫 조카 해담이가 그림공부를 하는 곳이다. 격세지감. 본래 목적인 리투아니아 학회로 직행하지 않고 베를린을 베이스캠프로 삼은 것은 탁월한 선택이었다.

유럽 출발 직전 나는 또 생애 두 번째로 119를 타고 토사곽란으로 응급실을 다녀오는 상황이 발생, 가야할까 말아야할까를 가는 날까지 고민하다 그래도 베를린 보호자를 믿고 떠난 길이었다. 갓 태어났을 때 햇님

조카 해담이와 나

슈프레강 유람선 투어

처럼 방긋거려 '해를 담은' 아기였던 해담이가 어느새 다 커서 이모를
마중나와서 기다리고 있었다. 카톡문자에는 '이모 밥은 해놨는데 죽을
끓일까요'였다. 감동. 그리고 3박 4일 해담이표 베를린 투어가 시작되었
으니….

슈프레강 유람

샤를로텐 구역에 사는 조카는 랜드마크 여행을 베를린 따라 흐르는 슈
프레강 유람선으로 시작하였다. 내가 외국에 가서 배를 타고 구경한 것
은 덴마크 코펜하겐의 늬하운밖에 생각이 나질 않는다. 그곳은 항구 도
시여서 당연시 했는데 베를린 강을 따라 선선한 바람을 맞으며 이쪽저쪽
에서 바라보는 베를린 대성당과 베를린 방송탑, 시청 청사 등은 꽤 멋진
풍광과 유유자적을 선물받은 기분이었다. 이제부터 여행을 하면서 배를
탈 수 있는 한, 배로 그 도시의 윤곽을 조망하겠다는 결심을 하게 된 유
람선 투어였다.

그동안 왜 그리 돈을 아끼겠다는 일념으로만 여행을 했는지 안타까울 때
가 많았다. 처음 인도여행에서는 풍부하고 지천인 과일들을 하나도 못
사먹고 원숭이바나나만 먹다가 오질 않나, 세느강 유람선도, 런던의 랜
드마크 런던 아이도…. 돌아와서 땅을 치게 된 사연이 많고도 많다.
늘 여행자는 볼 것은 많고 여비는 쪼들리고 해서 유명한 곳에 가서 입장
료가 비싸 발길을 돌리던 경우도 허다하였다.

베를린 시내 골목길

그러나 생각해보라. 그곳을 가기까지 들인 시간과 노력 그리고 비행기표, 기차표, 값으로 환산할 수 없는 지금보다 젊은 날의 경험과 추억을…. 그러니 이 글을 읽는 그대여. 부디 여행에 돈을 아끼지 마시라. 법정스님께 직접 들은 명언이 있다. '일상은 검소하게 여행에는 돈을 아끼지 말아라.'

베를린 페르가몬박물관

베를린의 샤를로텐 여름궁전도 이번에 처음 가봤다. 특히 중국 도자기가 가득찬 궁전이 놀라웠다. 2차대전의 폭격으로 부숴진 채로 명물이 된 카이저 빌헬름교회도 여전히 건재해 반가웠다.

그러나 무엇보다도 페르가몬박물관은 압권이었다. 터키의 페르가몬 유적을 통째로 뜯어서 박물관을 만든 그 실력보다 망해가는 나라의 무관심을 틈타 허가 절차를 밟았다손 치더라도 통 큰 도둑질에 혀를 내두르게 된다. 1994년 겨울 베를린 여행에 앞서 터키 페르가몬 지역을 가게 되었다. 정말 아무 것도 남아있지 않은 이름뿐인 폐허의 고대유적지. 그러다 우연히 베를린 시내를 걷다가 페르가몬이라 쓴 박물관을 들어갔더니 페르가몬이 고스란히 거기에 남아 있었다.

페르가몬은 현재 터키 이즈미르지역 베르가마라고 불리는 마을인데 고대 그리스의 도시였다. 헬레니즘 시대 기원전 281년부터 기원전 133년 동안에 아탈로스 왕조가 다스린 페르가몬 왕국의 수도가 되었고 이들은 이곳을 그리스의 주요 문화적 중심지 중 한 곳으로 탈바꿈 시켰다. 독일은 19세기 말 오스만투르크 측의 허가 아래 박물관 전시 유물을 옮겨왔는데 페르가몬 제단을 포함한 이들 유적은 고대 헬레니즘 문화의 중심지였던 페르가몬의 다양한 문화상을 보여준다.

나는 특히 이슈타르문이 마음에 들어서 꼭 한 번 다시 가고 싶었다. 바빌론 신화에 등장하는 이슈타르에게 헌정하는 이 문은 채유 벽돌에 부조로 유니콘 같은 동물들이 멋지게 장식되어 있다. 본래 바빌론 성벽의 부분이었다고 한다. 그 정교한 벽돌인지 타일인지에 부조를 새겨 넣은 짙푸른 색의 웅장한 문이라니 눈으로 목도하지 않으면 그 느낌을 알 수 없다. 유니콘 동물문양은 살아있는 것 같다.

세 번의 베를린 여행을 통하여 나의 30년을 되돌아보는 시간이 되었다.

첫 번째 갓 통일된 독일의 낯선 풍광, 그리고 동유럽의 각박함을 위로해 주던 두 번째 베를린의 기억을 넘어, 세 번째 마음의 여유를 가지고 즐길 수 있게 된 베를린 유람선과 추억여행.

어쩌면 내 인생도 삼십대 초반엔 낯선 세상을 호기심으로 두리번거리다가 잠자다 뒤통수도 세게 맞고 그렇게 사십대, 오십대를 통과하며 걸어왔는지도 모른다. 그리하여 이제는 돌아와 거울 앞에 선 누님처럼 '국화 옆에서'를 읊조리는 여행기를 쓰게 됐는지도…. 여행은 공간과 시간을 통과하며 발효, 숙성을 있는 그대로 음미하게 하는 질좋은 와인같은 것임을 베를린이 나에게 가르쳐 주었다.

페르가몬 박물관 이슈타르 문앞에서

발트 3국 리투아니아 수도 빌뉴스와
근교 트라카이

2017년 발트 3국

리리릿자로 시작하는 리투아니아~

나는 2017년 가을에 이어 2019년 두 번째 리투아니아에 가게 되었다. 몇 년 전만 해도 우리에게 생소했던 발트 3국이 이제 우리에게 가까이 다가오고 있다. 2년 전에는 라트비아 수도 리가에서 학회가 있어 끝나고 발트 자동차여행을 하였다. 그때 빌뉴스는 하룻밤 짧게 점만 찍었던 곳이라 아쉬움이 커서 '어게인 리투아니아 행'을 결행하였다.

북유럽에 속하는 세 나라 에스토니아, 라트비아, 리투아니아 상중하로 나눌 때 맨 아래 남쪽에 자리잡고 있다. 위쪽은 라트비아, 오른쪽은 벨로루시 아래쪽은 폴란드와 국경을 맞대고 있는데 솔직히 지도를 다시 찾아보면서 이 글을 쓰고 있다. 어딘가를 간다는 것은 그곳의 시간과 공간을 경험하고 재확인하는 일이다.

리투아니아 빌뉴스 교회. 마치 갤러리처럼 그림이 많다

라트비아 리가시내 2017

에스토니아 탈린의 밤풍경

학회 개회식의 음악 연주는 처음이라 인상적이었다

빌뉴스 중동유럽학회 모습

2019년 리투아니아

이번에는 수도 빌뉴스에 있는 Mikolas Romeris University(MRU)에서
유럽 한국학 학술대회가 열렸다. 10년째 참여하고 있는 학회인데 처음엔
중유럽과 동유럽 중심의 지역성이 강한 학회였지만 지금은 전세계에서 오
는 발표자만 50명 가까이 되고 스탭까지 하면 100명 정도가 2박3일 열띤
한국학의 발표와 토론을 축제처럼 하는 학회로 발전하고 있다. 매년 유
럽 대학에서 돌아가면서 열리고 있는 학회의 성장을 지켜보고 참여하는
일은 인생의 보람이다.

특히 나는 '남북한의 세계문화유산과 삼국유사 콘텐츠의 결합'을 한국학
한국문화의 나아갈 길이라 발표하며 강조하고 있을 때, 기다리던 '한국
의 서원'이 2019년 세계문화유산으로 등재되었다는 실시간 뉴스가 들려
왔다. 그 기쁨이란!

빌뉴스 구도시로 들어가는 '새벽의 문'

자! 그럼, 리투아니아 여행을 시작해보자. 빌뉴스는 '새벽의 문'이라는 성
문이 유명한데 우리는 블랙마리아가 걸려있는 교회 성문인 줄 모르고 올
드 타운 초입에 있는 문이 새벽의 문이라 굳게 믿어 의심치 않고 갖은 포
즈를 취하고 사진을 찍었다. 사실 이 글을 쓰면서 찾아보고 지금에서야
안 사실. 그러면 어떠하랴. 나에겐 이 문이 새벽의 문인 것을….

또 새벽의 문이란 이름 유래도 재미있다. 유럽에서는 그 길이 향하는 도시
로 이름을 짓는데 '아슈메나로 가는 성문'이었다고 한다. 그런데 사람들

새벽의 문 교회 안의 블랙 마리아

흰색으로 장식한 성 베드로 성당

초록색이 인상적인 러시아 정교회

은 언제부턴가 발음이 비슷한 새벽, '아우슈라'로 부르기 시작했다는 것
이다. 우리도 와전된 '민간어원설'의 지명이 얼마나 많은가. 청계천에는 단
종이 영월로 유배갈 때 그의 부인 정순왕후가 영영 이별한 '영리교'가 '영미
교'로 불리고 있듯이 말이다.

빌뉴스 올드타운 블랙마리아

그렇게 올드타운에 입성하면 오밀조밀하고 예쁜 가게들과 중세의 집들이
나타난다. 그 중에서도 '블랙 마리아'는 리투아니아에서 역사상 가장 아
름답다는 '바르보라 라드빌라이테'를 모델로 삼았다는 설이 있는데 이적
을 많이 일으킨다는 소문에 늘 발 디딜 틈이 없이 사람이 많다.

빌뉴스에는 정말 아름다운 성당이 많았다. 겉모습도 아름답지만 교회마
다 그 실내가 어떤 성당은 초록 일색이거나 흰색 등으로 감동을 일으킬만
큼 아름다웠다. 나는 어느 나라에 가든 그곳의 종교를 존중하는 마음으
로 들어가 기도를 하고 초를 밝히거나 헌금을 한다. 우선 무사히 여행을
마칠 수 있기를 경건하게 기도한다. 여행경력 30년차가 되니 그동안 알게
모르게 죽을 뻔한 기회가 얼마나 많았는지 그리고 얼마나 기적의 연속으
로 살았는지 깨닫게 된다. 무사히 떠나 무사히 돌아가는 것, 그보다 더
한 축복은 없다. 인생도 그렇게 자연스럽게 왔다가는 것이 가장 큰 지복
이 아닐까.

성베드로 성당

이 성당 또한 리투아니아에서 가장 아름다운 성당으로 알려져 있다. 성당 위를 잘 보면 베드로와 바울의 조각상이 있고 안은 흰색으로 정말 백작부인처럼 우아하기 이를 데 없는데 17세기에 Hetman MykolasKazimieras Pacas장군이 이탈리아 조각가 200명을 고용해 30년 동안 만들었다고 한다.

학회 하루 전날 도착한 터키 에르지예스 대학교 괵셀, 하티제교수님들과 러시아 모스크바 경제대학 김혜란교수님, '폴란드로 간 아이들' 영화 제작에 참여하고 출연도 한 폴란드 브로츠와프 대학교 이해성교수님과 동행하였다, 학회에서 1년이나 2년에 한 번씩 만나 10여 년이 지나니 가족처럼 반갑다.

특히 터키 대학은 내가 한국학과 설립에 청춘을 바친 곳인데 이제 명실상부 터키 최고 명문 한국학과가 되어 더욱 감개무량하다.

학회 후 단체 기념사진

트라카이

트라카이는 리투아니아의 옛 수도였던 곳으로 호수와 숲, 섬 한가운데 붉은 성이 인상적인 곳이었다. 2년 전 스치듯 지나가 기억이 가물가물했는데 여러 사람이 나와 함께 왔다고 알리바이를 이야기해 주어서 확인하게 되었다. 그러니 독자들이여, 모름지기 여행이란 가슴이 뜨겁고 기억력도 창창할 때 떠나시기를….

마침 하루 종일 열띤 학회를 마치고 도착했을 때는 해가 지고 있었다. 북유럽이라 밤 10시나 되어야 우리나라 저녁 7시같은 나라에서 체코와 헝가리 교수님을 더하여 스냅사진 한 장!

우리나라의 국력을 세계만방에 떨치게 된 장면을 20년 동안 지켜보면서 정말 행복하다는 생각을 하게 되는 요즘이다. 외국인과 한국인 교수들이 반반씩 구성되어 한류를 리드하고 그 이론과 전망을 학문적 토대로 만들어내는 이들이야말로 대한민국 훈장을 받아 마땅하다.

그러나 이들이 청춘과 인생을 바치고 한국으로 돌아왔을 때 아직도 일부에 만연한 혈연, 지연, 학연으로 점철된 이 땅의 풍토에서 어렵게 살아가는 분들이 대부분이라 너무나 안타깝다. 그리고 나 또한 여기서 예외가 아니다. 그럼에도 불구하고 보시라. 이 위풍당당하게 대한민국을 대표하는 한국학 학자들의 모습을.

그나마 이러한 학회 지원이 한국정부에서 이루어지고 있음에 감사하며 국민의 세금이 더욱 적재적소에 쓰여지면 이들이 키워내는 한류 수혜대상 외국 젊은이들이 '지한파, 친한파'가 되어 한국 홍보대사들이 될 것임을 믿

저녁만찬을 트라카이 근사한 레스토랑에서 하기 전에 단체 기념사진 ▲
오른쪽부터 터키. 나, 헝가리 러시아 폴란드, 터키, 체코교수님들과▼

어 의심치 않는다.

아름다운 리투아니아에서 아름다운 한국학자들과 함께 한 '생의 한가운
데' 여름이여 영원하라.

동유럽의 추억,
크로아티아 자그레브와 슬로베니아

2010년의 나를 만나는 여행

요즘은 과거의 나와 조우하는 일이 쉽다. 어느 소설에선가 '문을 열었더니 과거의 내가 서 있었다'던 표현이 신선했는데 이제 우리의 일상이 그렇게 되어가고 있다.

이즈음 나는 매일 과거의 나를 만나는 재미에 빠져 살고 있다. 20년 전 '미니홈피'에서는 그 시절의 오늘, 당신은 이런 글을 쓰고 이런 일을 하였다고 배달되기 시작하더니 이제는 10년 전 '블로그'에서 1년 전, 2년 전, 6년 전, 9년 전 오늘 당신은 이러하였다며 일목요연하게 그날의 제목을 목록화해 보여준다. 그렇게 2010년 이맘 때의 나를 만나게 되었고 그 시절부터 시작해 현재까지 이어지고 있는 동유럽 사진첩을 정리하기 시작하였다.

부다페스트의 왕궁과 도나우강

드디어 크로아티아 수도 자그레브 기차역

자그레브역 근처에서 청전스님

'산티아고 가는 길'을 접고 다람살라 청전스님과 떠난 동유럽 여행

당시 나는 정부에서 파견한 헝가리 부다페스트 국립 ELTE대학교 한국학과 교수로 일하고 있었다. 두 학기째 강의를 하며 어느 정도 적응이 되었던 나는 추수감사절인가 하는 축제 연휴기간 동안 숙원사업이던 스페인의 '산티아고 가는 길' 순례를 알아보고 있었다.

그때 마침 수십년 전 1989년 난생처음 인도에 가서 또 하나의 가족으로 인연 된 다람살라의 달라이라마 제자 청전스님이 '동유럽에 오고잡다'며 연락을 하셨다. 아니 왜 하필 지금이란 말인가. 그러나 2007년 내가 불치병을 진단받고 인생의 카오스를 경험하고 있을 때 16년만에 홀연히 나타나 한 달간 다람살라 요양을 권하며 의지처가 돼주신 스님이라 거절할 수가 없었다.

부다페스트의 티벳 불자 까르마 도르제 선생 가족

게다가 헝가리에서 청전스님을 통해 또 불교와의 시절인연을 맺고 있었다. 마치 외계인이 불시착하듯 얼떨결에 부다페스트에 첫발을 디뎠을 때 거기 티벳스님이 살고 있다며 연락처를 주신 것이다. 뛸 듯이 기뻐하며 전화를 해보았다.

그러나 전화 너머 헝가리어는 내가 경험해 본 언어 중 가장 어려웠다. 특히 터키어와 비슷한 구석이 있어 너무 혼동이 되어 세상의 말을 다 배우는 게 꿈인 나에게 굴욕을 안긴 언어인데 자꾸 헝가리어로 말을 걸었다. 마침 헝가리어 전공 한국인 선생이 있어 전화를 바꿔주니 다른 전화번호를

가르쳐 주었는데 요지는 그 티벳스님은 이제 더 이상 스님이 아니고 환속
을 했다는 것이다.

만나기 요원하기만 한 어느 날 연락이 기적처럼 닿았다. 그래서 둘다 어
눌한 영어로 통성명을 하고 어디에 있냐고 하니 바로 내가 있는 대학교 F
동 옆 E동 티벳어과에서 티벳어 강사를 하고 있다는 것이 아닌가. 거의 한
달 동안 찾아 헤맸는데 우리는 같은 공간에 살고 있었던 것이다.

도르제선생님은 결혼을 하고 티벳어 선생님을 하며 명상을 지도하고 있
었다. 그는 반가워하며 부다페스트 외곽 자신의 아파트로 나를 초대하
였다. 아주 어린 아들과 젊은 부인 그렇게 가정을 이루고 있었다. 이후 우
리는 가족처럼 지내며 자주 만나고, 도르제선생님은 운전할 일이 있을 때
나 공항에 갈 때 등 해결사 노릇을 톡톡히 해주셨다. 무엇보다 부다페스
트에 모여 있는 여러 나라 불자들의 모임에 나를 초대해준 일 그리고 친
구가 하는 티벳식당에 데리고 가는 등 헝가리 불교와 부다페스트 일상에
적응할 수 있도록 세심하게 배려를 해준 새로운 가족이었다.

동유럽 순례의 시동을 걸다

그렇게 티벳가족과 인연을 지어준 청전스님이 부다페스트 Keleti 동역에
시골영감 차림으로 나타나셨다. 분명 히말라야 여행객에게 보시 받았음
직한 등산모자와 배낭을 메고 보무도 당당히 딸 선재와 나를 보고 활짝
웃으셨다.

3년 전 죽을 둥 살 둥 히말라야 오지 산기슭을 헤매던 동지들의 상봉이었

다. 죽을병에 걸렸던 내가 오진인지 기적인지 3년 후 부다페스트에서 400
년 역사의 국립대 교수를 하고 있을 줄이야…. 아마도 서로 감개가 무량
했을것이다.

스님의 이력은 독특하여 카톨릭대학교 신학생이던 당시 송광사를 우연히
갔다가 구산스님이 지나가며 한마디 하셨다 한다. "학생은 엄한데 가서
공부를 하구 있구먼" 이 말 한마디에 벼락을 맞은 듯 출가를 감행한 청전
스님. 그러나 가끔 카톨릭스러운 점을 과시할 때가 많았는데 동유럽에
온 김에 성모마리아가 출현한다는 '메주고리예'를 가야겠다는 것이었다.
어디 있나 찾아보니 보스니아 헤르체고비나라는 곳이었다. 마침 주헝가
리 우리 한국대사님이 겸직하고 있는 지역이라 이름만 많이 들어본 곳이
어서 가보고 싶던 차였다.

그리하여 나는 슬로베니아와 세르비아 한국학과 이용, 정근재 교수를 섭
외하여 여행 일정을 짰다. 우리나라에서 달라이라마 방한이 안 돼 거의
달라이라마급 대우를 받는 스님 덕분에 '원님 덕에 나발' 불게 된 것이다.
이용교수님은 한국에서 고대국어 세미나를 수년간 함께 동고동락한 동
료이고 정근재 교수님은 동유럽이 개방되자마자 국비유학생으로 20년
넘게 세르비아어를 전공한 우리나라 최고 전문가였다. 이 두 나라는 우리
에게 옛 '유고연방'으로 알려진 나라이다. 그래, 어쩌면 산티아고보다 이
곳을 가는 게 그분의 뜻인지도 모른다. 우리는 그렇게 슬로베니아로 떠
나게 되었다.

크로아티아 자그레브를 거쳐 슬로베니아 류블랴나로

부다페스트에서 슬로베니아 류블랴나대학교를 가려면 크로아티아 수도 자그레브를 거쳐서 가야한다. 살다 보면 아직도 사회주의 잔재가 남아 있는 것을 도처에서 경험하게 되곤 한다. 처음 부다페스트에서 핸드폰을 마련할 때 서류가 거의 100여 페이지가 되는 것을 보고 깜짝 놀랐던 기억이 있다. 같이 간 한국인 교수님이 '페이퍼 공화국'이라 부른다던 말을 실감하는 순간이었다.

두 번째가 이 국경을 넘는 기차를 탈 때였다. 경찰처럼 보이는 공무원이 여권을 거둬가고 한 시간 넘게 정차하며 공포분위기를 조성했다. 심지어 기차 천장까지 뜯어서 무언가를 검사하였다. 무슨 꼬투리를 잡힐까봐 뭔가 벌금같은 게 있을까 불안해하며 전전긍긍하였다. 다시는 이 기차를 타지 말아야겠다고 결심하였다. 정말 지금도 이해할 수 없고 그때부터 기차를 혼자타기 무서워하기 시작한 것 같다. 자기 나라에 돈 쓰러 오는 여행자한테 왜 그렇게 공포분위기를 조성하는 것일까….

자그레브 Zagreb 시내 구경

크로아티아의 수도 자그레브는 크로아티아의 북서쪽 사바 강변에 위치해 있고 메드베드니차 산의 남쪽에 있다. 도시의 인구는 2018년 기준 약 80만 명이라 하는데 유럽에서 100만이면 굉장히 큰 도시이다. 프랑크푸르트가 약 100만 명 정도라는 걸 듣고 세계 최대, 최고에 익숙한 우리나라 정서를 가진 나는 아주 약간 우쭐함을 느꼈다. 전 세계 비행기가 다

자그레브 구 왕궁거리의 결혼식 커플과 친지들

자그레브 시내의 풍경들

모여드는 도시가 겨우⋯ 하면서 말이다. 서울의 1,000만 인구를 보라. 부다페스트의 인구는 약 200만이다.

자그레브 시내는 활기찼다. 트램이 오가고 중앙광장이 있고 꽃가게와 시장이 펼쳐진다. 그리고 언덕을 오르면 대성당과 구 왕궁거리의 고색창연한 집들과 골목이 정답게 반겨준다.
그 후 2018년까지 꽤 여러 번 학회를 목적으로 간 크로아티아. 그때보다는 많이 사회주의 체제의 흔적이 가신 것 같지만 그때는 동유럽 주민이었고 지금은 여행자이기 때문은 아닐까. 아니면 요즘 우리 나라에 동유럽 여행바람이 불고 있어서 일지도 모르겠다.

이제 류블랴나의 김일성이 반했다던 블레드 호수 티토의 별장, 세르비아 베오그라드, 1차대전 발발지 사라예보, 모스타르, 메주고리에, 두브로브니크, 몬테네그로, 베오그라드로 이어지는 여정이 주마간산하듯이 펼쳐진다.

보힌 호수와 알프스

메주고리예, 두브로브닉 그리고
몬테네그로

● 북한의 김정은이 2019년 미국과 정상회담을 한다고 무려 66시간 기차를 타고 북한에서 중국을 거쳐 베트남 하노이를 갔다는 뉴스를 보고 나에게도 떠오르는 추억이 있다. 그 특별 전용열차는 과연 어떻게 생겼을까. 슬쩍 그 편린을 엿보았다고 생각했던 여행에 대하여 들려드리려고 한다.

2010년 가을 부다페스트에 살던 나와 인도 다람살라에 계시던 청전스님은 동유럽 대학교 두 교수님들이 안내하는 호사를 누리며 우리에게 아직도 익숙치 않은 메주고리예 마을을 찾아갔다.

보스니아 헤르체고비나의 메주고리예 마을

메주고리예 마을은 크로아티아와 세르비아 사이에 있다. 우리에게는 내전으로 악명높은 곳으로 알려져 있다. 지금은 더 이상 평화로울 수 없고 그렇기에 '성모마리아의 출현'의 기적이 일어났는지도 모르겠다. 1981년 6월 25일에 6명의 아이들에게 성모가 출현했다고 한다. 오로지 돌산밖에

▲ 메주고리예 주민이 성모마리아 출현지를 알려주고 있다
▼ 성지 순례객이 이 돌산을 오르내리고 있다

기억이 안 날만큼 그저 작은 시골마을의 돌산이었다. 이러한 기적이 없었
더라면 전혀 세계 지도에서 찾아 볼 일이 없을것만 같은 마을이었는데 카
톨릭대 신학생 출신 청전스님 덕분에 남들 안 가본 기적의 성지순례를 하
게 되었다.

두브로브닉은 눈부셨다

두브로브닉의 성 안 풍경

두브로브닉은 그날도 눈부셨다

그리고 오랫동안 내가 꿈에 그리던 두브로브닉을 잠시 들렀다. 정말 시집 제목처럼 '그날도 눈부셨으며' 언젠가 며칠동안 이곳에 숙소를 정하고 일주일쯤 찬찬히 둘러보리라 아쉬워하며 돌아섰다.

이름만 들어도 설레던 크로아티아 두브로브닉은 성벽 뿐이던 어느 유적지와는 달리 성벽 안으로 들어가면 중세 아름다운 도시가 살아 숨쉰다. 영화 속으로 들어가 거니는 느낌… 앞에는 파랗디 파란 아드리아해, 하늘은 눈부시고 붉은 지붕의 동화 속 마을이 펼쳐진다.

그야말로 동유럽 여행의 대미를 장식할 만하였다.

이 모두는 세르비아 베오그라드대학교 정근재교수님의 20여년 넘는 토박이 전문가의 안내와 운전이 있어서 가능한 천재일우의 찬스였다. 나는 여행복이 굉장히 많은 편이다. 물론 '여행은 빚지러 가는 것이다'라는 나름의 모토가 있기 때문에 나는 신세지는 것을 절대 마다하지 않는 정신이 있다. 그대신 그후 오래오래 평생지기로, 또다른 여행자들에게 갚겠다는 마음을 지닌 덕분에 지금까지 여행을 해 올 수 있었던 것이 아닌가 한다.

두브로브닉의 전경

부드바에서 살롱기차를 타다

지금도 생소한 지명, 부드바에서 우리는 청전스님과 헤어졌다. 스님은 동유럽이 처음이라 더 여행을 하시겠다 하고 우리는 이제 추수감사절이 끝나 학교로 돌아가야 했기 때문이다.

몬테네그로의 부드바에서 최후의 만찬을 하였다. 홍합과 바다가재, 오징어튀김 까라마리를 포식한 후 열흘남짓 무수한 어록을 선사한 청전스님과 작별을 고하였다. 우리는 바르라는 몬테네그로 항구마을에서 그동안 수고한 우리의 마차를 기차에 싣고 살롱기차라는 것을 처음 타보았다. 웬지 김일성과 유고연방 지도자 티토가 이용했을 것만 같은 고급 기차, 단 두 사람용 캐빈도 고급스럽지만 이어진 타원형의 원탁과 양가죽 소파에 할 말을 잃었다. 2010년 당시 51유로 10시간짜리 기차에 이런 칙사 대접이라니…. 자동차 싣는 비용은 34유로였다.

베오그라드에서 부다페스트로

아침에 베오그라드에 도착하니 3시간이 연착된 상태였다. 밤새 기차가 고장이 났단다. 여행의 묘미는 이러한 돌발 상황의 연속이다. 마침 아들 생일이라는 베오그라드 선생님댁에 케이크를 사들고 다시 신세를 지며 부인과 하고 싶었던 이런저런 이야기를 나누는 보너스를 누렸다.

저녁에 중국집 샤브샤브로 허리사이즈를 확실히 늘리고 밤 9시 25분 부다페스트행 기차로 떠났다. 그렇게 열흘째 새벽 4시 45분 부다페스트 켈레티 동역 우리집에 도착하였다.

몬테네그로 바르 기차역

기차 안 분위기

세르비아 베오그라드 역

이생에는 다시 없을 옛 유고연방의 한국학교수들과 회동한 대단원의 여행은 이렇게 막이 내렸다. 인도 사는 청전스님이 찾아오시지 않았더라면 애초에 생각조차 못한 동유럽 여행과 성모마리아 출현 성지순례를 그 누가 꿈이라도 꿀 수 있었단 말인가. 어쩌면 인생은 예기치 않게 일련의 일들이 일어나는 것처럼 보이지만 전생부터 예정된 대로 살아가는 것이 아닐까 생각하게 된다.

이 글을 쓰던 2019년 나는 책 두 권을 동시에 출간하며 그 누구보다 열심히 살았고 그 여파로 근 한 달 가까이 죽도록 앓았다. 이쯤에서 내 인생을 되돌아보라는 그분의 뜻인지…

내 인생에 정말 중요한 것이 무엇인가 다시 생각해보는 계기가 되었다. 평생 불운의 아이콘으로 살던 한국의 한 여성학자에게 책 출간을 계기로 스포트라이트가 쏟아지니 거절할 수가 없었고 눈덩이처럼 점점 크게 다가오는 여러 행운에 압사할 것 같았다.

그러자니 이것은 과연 내 인생의 행운일까 불행일까 하는 생각을 되뇌이게 되었다. 내가 할 수 있는 만큼 차분히 내 길을 걸어가야겠다는 한 줄에 이르기까지 참 많은 수업료를 들인 한 해였다. 여러분도 가끔 '병없기를 바라지 말라'던 불경의 한 구절을 나침반 삼아 인생의 보폭을 정리해보시기를!

에 필 로 그

여행하는 인간으로 산 지 30여 년이 지나서야 3부에 걸쳐 여행기를 주마간산 식으로 돌아보았다. 언젠가는 여행기를 쓰리라던 젊은 시절 나와의 약속을 지켜서 숙제를 마친 것처럼 홀가분하다. 종종 인생을 여행에 비유하곤 한다. 정말 여행이란 짧은 단편 인생을 사는 것과 같다고 생각한다. 지금까지의 인생을 접고 마치 다음 생을 살러 가는 것과 같다.

온 집안에 가득한 내 삶에 꼭 필요한 것들 가운데 과연 트렁크 하나에 다 쟁여 넣을 수 있을까 싶다. 그러나 비행기 수하물 중량에 맞춰 넣었던 것들을 다시 빼고 또 빼고 나면 이렇게 단출하게도 살 수 있었는데 왜 그 많은 짐을 이고 지고 살았을까 작은 울림이 온다.

그 가방 하나도 끌고 다니다 보면 점점 다음 여행 짐은 더 가벼워지게 된다. 그 짐을 끌기만 할 수 없는 경우가 생긴다. 계단을 오르고 짐칸에 들어서 얹었다 내리고 하다 보면 소유의 욕심에 대하여 자각이 생긴다.

그렇게 도착한 나라는 새로 태어난 것처럼 아무것도 모르는 신생아가 된다. 말도 통하지 않고 최소한의 민생고인 의식주 문화도 모두 지금까지와는 다르다.

가장 달랐던 나라는 두 말할 필요 없이 1부 인도였다. 지금도 인도는 외국여행에 대하여 조금이라도 지식이 있었다면 절대 가지 않을 것이라 확

신한다.

그러나 젊었고 모르니까 용감했던 덕분에 내 인생관과 세계관이 천지개벽을 할 수 있었다. 세상에는 나의 상식과 예의범절이 반대인 나라도 있었던 것이다.

밥을 손으로 먹으면 안 되는 나라에서 손으로 먹는 나라가 있음을 알고 또 시도를 해본다. 사원에 들어가려면 신었던 신발과 양말뿐 아니라 가죽 허리띠까지 풀어야 하는 의관정제의 반대인 나라가 인도였다. 이웃 석가모니 후손들이 사는 네팔에서는 귀한 손님일수록 집안의 어른이 직접 시중을 든다는 예의범절도 인상적이었다. 그렇게 네 번의 인도 여행을 통해 나는 한 뼘 성장할 수 있었다고 감히 말한다.

인도가 다음 생을 사는 경험이었다면 2부 일본과 대만은 여생을 보내고 싶은 나라였다. 보면 볼수록 핏줄처럼 당기는 일본과 경상도만 한 대만은 대국적 마인드를 가진 참으로 친밀하고 정이 가는 나라이다. 언젠가 시절 인연이 되면 일본에 대한 단행본을, 중국과 대만을 묶어 또 다른 책으로 써보고 싶다.

3부 유럽은 30년 전 그야말로 선진국 그 자체였던 나라의 문물을 처음 접하고 우리나라는 언제 이렇게 깨끗하고 시스테믹 하게 돌아갈까 너무 부러웠다. 사소한 예로 버스정류장 스탠드가 내 눈에 신문물이었다. 지금 우리나라 대도시 정류장도 햇볕과 비를 막아주고 벤치가 있지만 당시는 정류장 표지판만 서있을 뿐 운전수 마음대로 세우면 거기가 정류장이었다. 한 100미터 달리기 하는 마음으로 이리 뛰었다 저리 뛰었다 해야 했다. 지금은 세상에서 제일 훌륭하고 저렴한 대중교통 시스템을 자랑하는 나라가 되었다.

터키와 헝가리에서 몇 년간 살아보면서 거기도 희로애락을 겪는 사람 사는 곳임을 알게 되고 처음에는 잘 몰라서 미워했다가 돌아올 때는 다시 오리라 다짐하며 꾸준히 관계를 10년, 20년 이어오고 있다.

이제 남미대륙을 남겨놓고 지구 한 바퀴를 거의 내 발로 걸어 다녀본 나는 결국 이것이 인생 여행이었음을 깨닫는다. 어설프고 시고 떫어 새파랗기만 한 내가 세상 모든 친구들의 우정으로 어려운 고비를 넘기고 도움을 받으면서 물들어가게 되었다. 온갖 정신적 물질적 빚을 지고 다니면서 나도 그런 사람이 되어야겠다고 결심하고 실천한 것이 '외국인을 위한 한국어 교육'이었다.

2021년 9월에 우리나라에 돌아온 지 20년 만에 나의 제2의 고국 같은 터키 에르지에스대학교 한국학과에 복귀한다. 20년 만에 나를 다시 부르다니 사람들은 기적 같은 일이라고 한다. 그렇지만 2002년 학과를 설립하고 돌아올 당시 인문대학장 조슈킨 오넴 교수님은 감사장을 주며 가까운 미래에 꼭 초청하겠다고 약속을 하였다. 물론 나도 그 약속이 지켜질 줄은 몰랐지만 오스만 터키 대제국의 대국적 마인드를 믿고 있었다.

서른부터 한 지구 여행은 서른두 해가 지났다. 지금부터 세계에 한국을 알리고 전달하는 여정에 돌입했다. 그동안의 경험과 노하우, 정말 놀이처럼 재미있었던 내 인생의 큰 재산 인생여행을 한국을 넘어 세계로 회향할 것이다. 그리고 그것은 결국 나에 대하여 무지했던 나를 알아가는 여행이었고 그것은 지금도 진행 중이다.

여행하는 인간, 놀이하는 인간
Homo Viator, Homo Ludens
인도부터 아시아, 유럽, 아프리카를 걸어 나에게로

초판 1쇄 인쇄 2021년 09월 5일
초판 1쇄 발행 2021년 09월 15일
초판 2쇄 발행 2024년 12월 31일

글 정진원
사진 정진원. 김윤희. 이기만. 청전스님. 김진여
펴낸이 김윤희
펴낸곳 맑은소리맑은나라
디자인 방혜영

출판등록 2000년 7월 10일 제 02-01-295 호
주소 부산광역시 수영구 좌수영로 125번길 14-3 2F
서울사무소 서울특별시 용산구 한강대로 259
고려에이트리움 1613호
전화 051-255-0263 **팩스** 051-255-0953
이메일 puremind-ms@hanmail.net

ISBN 978-89-94782-85-0 03220

값 24,000원